마귀는 차단해요!

갓톡(GOD talk) 청소년 성경공부 시리즈4 (교사용)

마귀는 차단해요!

초판 1쇄 발행 | 2018. 12. 10
초판 1쇄 인쇄 | 2018. 12. 10
지은이 | 박태용
펴낸이 | 박미옥
펴낸곳 | 맑은하늘
편　집 | 이지선
교　정 | 김세배
일부 총판 | 비전북 (031) 907-3927
등　록 | 제 679-30-00201호(2016. 8.11)
주　소 | 부천시 원미구 중동 1289번지 팰리스카운티 아이파크상가 3층
전　화 | (032) 611-7578
팩　스 | (032) 343-3567
도서 출간 상담 | **E-mail**:chmbit@hanmail.net
Homepage |www. cjesus.co.kr

ISBN : 979-11-88790-14-2　04230

ISBN : 979-11-88790-00-5 (세트)

정가 : 4,500원

갓톡(GOD talk) 청소년 성경공부 시리즈 (교사용)

갓톡(GODtalk) 시리즈 ver 4

마귀는 차단해요!

박태용 목사

맑은하늘

저자의 말

요즘 중고등 학생들을 보면, 카톡을 참 많이 합니다. 어떤 아이들은 거의 하루 종일 핸드폰을 손에서 놓지 않고 하는 경우도 봅니다. 한손으로 핸드폰을 쥐고 얼마나 빨리 글자를 입력하는지, 그 신기에 가까운 속도에 깜짝 놀랄 때가 많습니다.
물론 사람들과 서로 소통하는 것이니, 여러 가지 좋은 점들이 많이 있겠지요. 그런데 그런 모습들을 지켜보면서, '하나님과 저렇게 늘 가까이 소통하면 얼마나 좋을까?'라는 안타까운 마음이 들었습니다. 그래서 '하나님과의 카톡'이라는 의미의, '갓톡(God-Talk)' 시리즈를 구상해보게 되었습니다.

시리즈의 4권은 '마귀는 차단해요.'라는 주제입니다.
카톡에는 차단 기능이 있어서 원하지 않는 사람과는 접속을 차단할 수 있지요. 마찬가지로 마귀가 우리에게 접속할 수 없도록 철저하게 차단해야 한다는 개념입니다.

베드로전서 5:8-10절 말씀을 보면 "근신하라 깨어라 너희 대적 마귀가 우는 사자 같이 두루 다니며 삼킬 자를 찾나니 너희는 믿음을 굳건하게 하여 그를 대적하라 이는 세상에 있는 너희 형제들도 동일한 고난을 당하는 줄을 앎이라 모든 은혜의 하나님 곧 그리스도 안에서 너희를 부르사 자기의 영원한 영광에 들어가게 하신 이가 잠깐 고난을 당한 너희를 친히 온전하게 하시며 굳건하게 하시며 강하게 하시며 터를 견고하게 하시리라"라고 했습니다.
마지막 때가 가까이 올수록 마귀도 자기 때가 다 된 줄 알고, 더욱 발악을 합니다. 마치 우는 사자처럼 삼킬 자를 찾아 달려듭니다.
이럴 때 정신을 바짝 차리지 못하면 마귀의 사냥감이 되고 맙니다. 우리는 더욱 근신하며 깨어 있어야 합니다. 믿음에 굳게 서서 마귀를 대적해야 합니다. 악한 마귀가 아무리 시험해도, 깨어 기도하는 여러분에게 하나님의 은혜가 늘 함께 하시기를 축복합니다. 하나님의 은혜는 능히 여러분을 온전하게 하고 굳건하게 하며 강하게 하고 견고하게 하실 줄 믿습니다.

저자, 평택 예향교회 담임   박태용 목사

Contents

교재의 구성과 사용법

청소년 성경공부 시리즈 갓톡(GODtalk) 시리즈는 친한 친구와 정겹게 카톡하며 소통하듯 말씀으로 하나님과 소통하며 아름다운 교제와 나눔을 가질수 있도록 구성된 성경공부 교재입니다.

[제목]
매 과의 주제 제목이다.

[가다듬기]
각 과의 공과 목표이자 배워야 할 내용을 말한다.

[마음열기]
[마음열기]에는 매주 관련있는 감동적인 예화나 생각해 볼 내용이 수록되어 있다. 수록된 내용을 읽고 서로 자연스럽게 토론하고 대화를 나누는 시간이다.

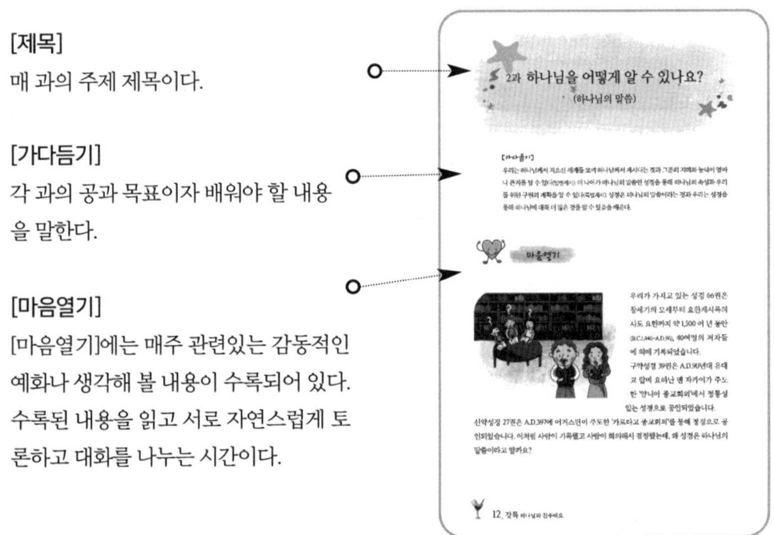

[하나님과 갓톡해요]
'카톡'이 아닌 '갓톡'(GODtalk)이다.
현대생활에 뗄 수 없는 소통도구인 '카톡'에서 아이디어를 얻어 '갓톡'이란 명칭을 사용하였다.
하나님과 소통하고 대화한다는 설정으로 하나님이 본문과 관련된 질문을 하시면 학생들이 자신의 생각을 답변하는 식이다.
노란 대화창에 자신의 생각이나 답변을 기록하면 된다.

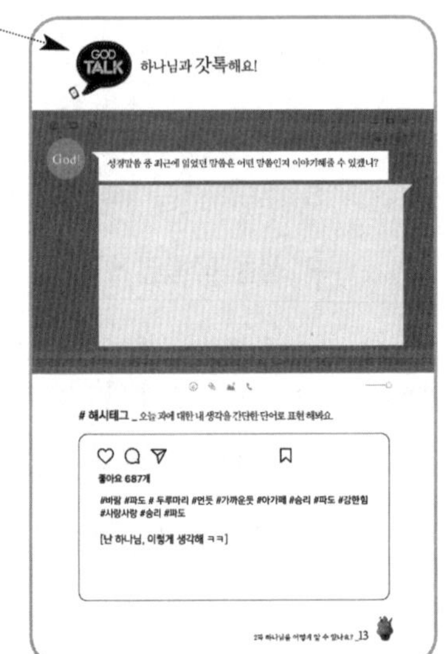

[해시테그]

많이 사용하는 SNS에서 힌트를 얻었는
데 매 과마다 공과공부를 하면서 틈틈히
본 과를 배우며 생각나는 단어들을 기록
해 보도록 한다.

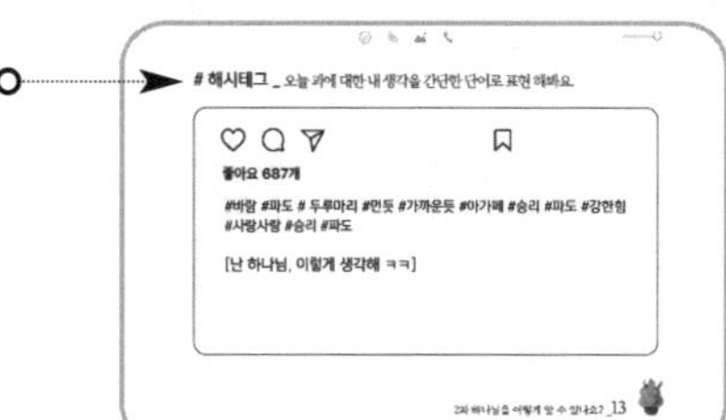

[말씀살피기]

배워야 할 주제에 맞춘 성경 본문과 질문
이 기록되어 있다.
선생님의 지도에 따라 기록된 본문 말씀
을 충실히 묵상하고 깊이 생각해본다.
그렇게 본문말씀을 읽고 정해진 시간에
질문에 답을 찾아 기록한다.
중심이 되는 말씀과 그에 대한 중요한 질
문에 답을 찾음으로 성경 말씀에서 주는
교훈이 무엇인지 확실히 깨닫도록 한다.

[나누고 실천하기]

[나누고 실천하기]는 배운 말씀을 나누고
소통하며 생활에 적용하고 실천하는 과
정이다. 질문을 잘 읽어보고 적절한 답을
기록해보자.
선생님과 학생들간에 서로 답변하고 의
견을 교환하면서 배운 말씀을 나누고 실
천하도록 노력한다.

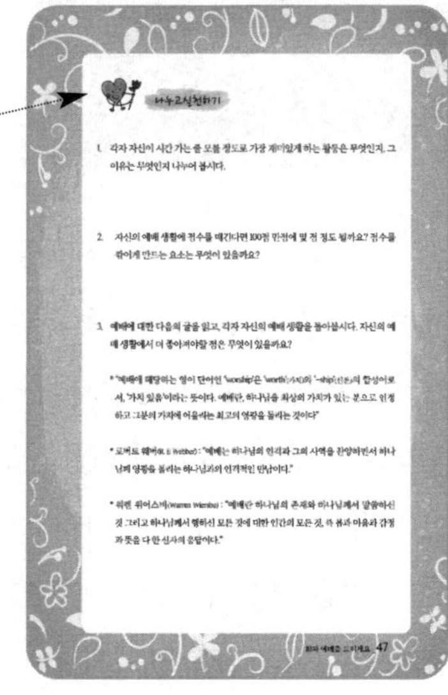

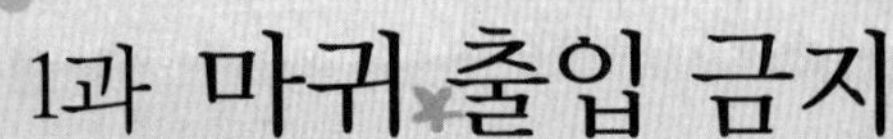

1과 마귀 출입 금지

악한 마귀는 항상 우리들의 마음속에 파고 들어와 우리의 마음이 하나님으로부터 멀어지고 죄로 향하도록 유혹한다. 마귀가 우리 마음에 들어오지 못하게 하려면 어떻게 해야 할지 살펴보자.

 마음열기

사탄(대적하는 자)은 원래 천사장이었는데, 스스로 교만해져서 자신이 하나님처럼 되고자 했던 자입니다(사 14:12-15; 유 1:6). 그는 일부 천사들을 유혹해서 하나님을 대적하고자 했고, 그 결과 하나님을 섬기는 고귀한 직분을 박탈당한 채 천상에서 추방되었습니다. 그 후 사탄과 그를 우두머리로 하는 타락한 천사들(악령, 귀신들)은 지상으로 내려와 사람들을 유혹하여 하나님을 대적하게 만드는 일을 계속하고 있습니다.

하나님께서는 예수 그리스도를 보내 주셔서 하나님의 나라(통치)가 임하게 하셨고, 악한 사탄의 나라(통치)로부터 우리를 구원해주셨습니다. 사탄과 그의 졸개들인 악한 영들은 사람보다는 큰 능력을 가지고 있지만, 전능하신 하나님의 능력 앞에서는 꼼짝을 할 수 없습니다. 다시 오실 예수님은 그들에게 최후 승리를 거두시고(계 20:1-3), 그들을 영원한 지옥 불에 던져 심판하실 것입니다(계 20:10).

하나님과 갓톡해요!

God!

00야! 너는 마귀(사탄) 혹은 귀신(악한 영)들이 존재한다는 성경의 주장에 대해 어떻게 생각하니? 특히, 영화나 드라마 등에 나오는 귀신들에 대해 실제로 존재한다고 생각하니?

설명 | 마귀나 귀신들은 눈에 보이지는 않지만 실제로 존재합니다. 하나님께서 보이지 않지만 존재하는 것처럼, 마귀나 귀신들도 보이지 않을 뿐 실제로 존재하는 영적 존재입니다. 물론 영화나 드라마 등에 나오는 우리나라의 전통적인 개념의 귀신은 존재하지 않습니다. 그런 귀신들은 한을 품고 죽은 사람들의 영혼이 세상을 떠돌며 복수한다는 것인데, 그런 의미의 귀신은 존재하지 않습니다. 사람이 죽으면 즉시 천국이든 지옥이든 갈리는 것이지, 땅에 남아 떠돌지는 않습니다. 성경을 번역할 때 귀신이라는 전통적인 용어를 사용해서 혼란을 겪는 것인데 귀신이라는 말보다는, 타락한 천사들 즉 악한 영들(악령)이라고 번역하는 것이 더 좋겠지요. 간혹 죽은 사람의 모습으로 귀신이 나타났다고 하는 이야기는 악령들이 그런 모습으로 꾸미고 나타나 미혹하는 것일 뿐입니다.

 # 해시태그 _ 오늘 과에 대한 내 생각을 간단한 단어로 표현해봐요

> 매주마다
> 생각나는 단어들을
> 자연스럽게 적어보세요

좋아요   개

#존재 #갤럭시 # 명품 #조화 #가까운 듯 #아가페 #승리 #파도 #강한힘
#사랑사랑 #승리 #하나님의 진노

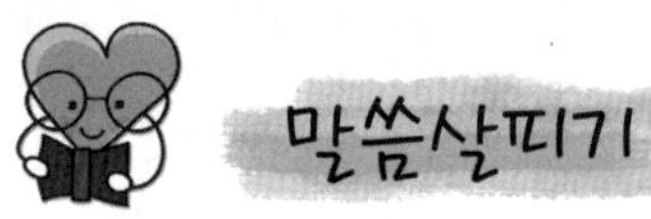

아래 말씀을 깊이 묵상하며 답을 해봅시다.

[눅 11:20-26]

20 그러나 내가 만일 하나님의 손을 힘입어 귀신을 쫓아낸다면 하나님의 나라가 이미 너희에게 임하였느니라 21 강한 자가 무장을 하고 자기 집을 지킬 때에는 그 소유가 안전하되 22 더 강한 자가 와서 저를 이길 때에는 저의 믿던 무장을 빼앗고 저의 재물을 나누느니라 23 나와 함께 아니하는 자는 나를 반대하는 자요 나와 함께 모으지 아니하는 자는 헤치는 자니라 24 더러운 귀신이 사람에게서 나갔을 때에 물 없는 곳으로 다니며 쉬기를 구하되 얻지 못하고 이에 가로되 내가 나온 내 집으로 돌아가리라 하고 25 와 보니 그 집이 소제되고 수리되었거늘 26 이에 가서 저보다 더 악한 귀신 일곱을 데리고 들어가서 거하니 그 사람의 나중 형편이 전보다 더 심하게 되느니라

1. 예수님께서는 자신이 하는 일을 어떻게 설명하고 있습니까? (20절)

정답_예수님께서 하신 일은 마귀의 통치 아래 고통 당하던 백성들을 구원하여 하나님의 통치 아래에서 복된 삶을 살 수 있게 하시는 것입니다. 예수님께서는 하나님의 능력으로 귀신을 쫓아내는 사역을 통해, 하나님의 통치가 임하였음을 선포하셨습니다.

2. 악한 마귀와 예수님은 각각 어떻게 비유되고 있습니까? (21-22절)

정답_마귀는 '강한 자'입니다. 마귀는 사람보다는 훨씬 더 강한 능력을 가지고 있습니다. 그는 사람의 영혼을 자기 집으로 삼고 거하며, 그 사람을 지배합니다. 사람으로 하여금 하나님을 대적하게 하고 마귀 자신을 섬기게 만듭니다.

예수님은 '더 강한 자'로 오셨습니다. 예수님은 마귀보다 더 강하십니다. 예수님은 '강한 자'인 마귀의 소유가 되어 그 지배 아래 있던 우리들을 마귀로부터 빼앗아 해방시켜 주십니다.

3. 예수님을 믿으면 예수님께서 우리 마음에서 악안 영을 쫓아내주십니다. 악한 영이 나간 후 우리 마음이 빈집처럼 되어 있으면 어떤 결과를 맞이하게 됩니까? (24-26절)

정답_악한 영은 우리를 쉽게 포기하지 않습니다. 쫓겨나갔다가도 돌아와 다시 들어오고자 기회를 노립니다. 악한 영이 쫓겨나갔다고 해도 우리 마음이 빈집처럼 남아 있으면, 더 악한 영들 일곱을 데리고 들어온다고 했습니다. 그 사람의 나중 형편은 처음보다 더 악화되고 맙니다.
이는 예수님을 믿는다는 사람이 그 마음을 잘 지키지 못하면, 오히려 세상 사람보다 더 악한 사람이 되는 경우를 비유로 설명한 것입니다.

4. 우리 마음이 빈 집처럼 되게 하지 않으려면 어떻게 해야 할까요?

정답_예수님을 우리 마음에 주인으로 모셔야합니다. 우리 마음에 예수님께서 주인 되어 거하시면 악한 마귀가 감히 넘보지를 못합니다. '더 강한 자'인 예수님께서 우리 마음을 지켜 주시면, 마귀가 아무리 '강한 자'라도 발도 들여놓지 못합니다.
우리 힘만으로는 '강한 자' 마귀로부터 우리 자신을 지킬 수 없지만, '더 강한 자'이신 예수님께서 지켜 주시면, 악한 마귀는 우리 마음을 넘보지도 못합니다. 날마다 예수님으로 충만되어, 악한 마귀가 들어오지 못하도록 철저하게 차단하는 우리 모두가 되기를 바랍니다.

1. 다음 예화를 함께 읽어 본 후, 우리 마음을 아름답게 지켜 나가기 위해 우리가 해야 할 일은 무엇인지 나누어 보기로 해요. 우리 마음에서 치워내야 할 쓰레기는 무엇이 있을까요? 우리 마음속에 심어야 할 아름다운 꽃씨는 무엇이 있을까요?

"어떤 사람이 집 앞에 있는 넓은 빈터 때문에 골치를 앓았습니다. 왜냐하면 동네 사람들이 오고 가면서 그 빈터에 온갖 쓰레기를 가져다가 버렸기 때문입니다. 아무리 치워도 계속해서 쓰레기는 쌓여갔습니다. 경고문을 붙여도 보았지만 그 때뿐, 얼마 안 되서 또 쓰레기는 차고 넘쳤습니다. 어떻게 해야 좋을 지 한참을 고민한 끝에 마침내 좋은 생각이 떠올랐습니다. 그것은 바로 그 빈터에 꽃밭을 가꾸는 것입니다. 그는 빈터에 여러 가지 예쁜 꽃들을 심어 아름다운 꽃밭을 만들었습니다. 그러자 사람들은 더 이상 그곳에 쓰레기를 버리지 않았습니다."

나쁜 것이 쌓이지 않게 하려면, 좋은 것이 먼저 그 자리를 차지하고 있으면 됩니다. 마귀가 들어오지 못하게 하려면, 예수님으로 충만해져 있으면 됩니다. 날마다 우리 안에서 미움, 다툼, 시기, 질투, 염려, 근심, 음란, 방탕 등의 쓰레기를 치우고, 그곳에 믿음, 소망, 사랑, 감사, 희생, 헌신 등 아름다운 씨앗들을 심어야겠지요.

2. 예수님께서 내 마음 속에 주인되어 충만하게 거하시게 하려면 어떻게 해야 할까요?

제일 먼저는 예수님을 마음속에 주인으로 모시기를 간절히 사모해야합니다. 예수님은 사모하는 사람의 마음에 찾아와주십니다. 내 마음에 오셔서 나를 다스려 주시기를 간절히 기도할 때 주님께서 충만하게 임하십니다. 또한 예수님의 말씀에 늘 순종해야 합니다. 예수님의 말씀에 순종하며 그분을 주인으로 대우해드려야 우리 안에 충만히 거하십니다.

3. 요즘 우리 친구들의 마음 상태는 어떠한지요? 한 주간 동안 시간을 정해 놓고 자신의 마음을 지켜 달라고 기도하는 시간을 가져보기로 해요. 또한 다른 친구들과 짝을 지어, 함께 중보하며 기도해주기로 해요.

2과 나는 나! 남과 비교하지 말자

마귀가 사람을 가장 짧은 시간에 망가뜨리는 방법은 다른 사람과 비교하게 하는 것이라고 한다. 마귀에게 속지 않도록, 남과 비교하지 않고 각자 자신의 삶에 충실하는 법을 배워보자.

마음열기

어느 목사님이 한 지방대학에 다니는 학생에게 물었답니다. "대학생활은 재미있니?" 그러자 그 학생은 "지방대학 다니는데 무슨 재미가 있겠어요?"라고 했습니다. 이번에는 서울에 있는 대학에 다니는 학생에게 물었습니다. "너는 서울에 있는 대학교에 다니니 좋겠구나." 그러자 그 학생은 "서울에만 있으면 뭐하겠어요. 서울대도 아닌데."라고 했습니다.

이번에는 서울대학생에게 물었습니다. "너는 우리나라에서 제일 좋은 대학에 다니니 참 좋겠구나." 그러자 그 학생은 "서울대면 뭐하겠어요. 과도 좋지 않은데."라고 했습니다. 이번에는 서울대에서도 제일 좋은 과에 다니는 학생에게 물었습니다. "너는 정말 대학생활에 만족하겠지?" 그러자 그 학생은 "서울대 좋은 과면 뭐하겠어요. 성적이 과에서 바닥인 걸요." 그래서 그 목사님은 서울대 제일 좋은 과에서 수석하는 학생을 만나서 물어보려고 했는데, 아직 못 만났다네요. 그 학생은 어떻게 대답할지 궁금하지요? 다른 사람과 비교하면, 자신의 삶에 만족하지 못하고 불행한 삶을 살게 됩니다.

하나님과 갓톡해요!

God! 00야! 너는 자신을 볼 때 불만스러운 부분은 없니? 혹시 "왜 하나님 나를 이렇게 만들어 놓으셨어요?"라고 원망했던 부분은 없니?

설명 | 하나님께서는 자신을 토기장이에, 그리고 우리는 토기 그릇에 비유하십니다. 토기장이는 같은 진흙 덩어리로 하나는 고급 도자기를 만들기도 하고 또 다른 하나는 흔히 쓰는 밥그릇을 만들기도 합니다(롬 9:19-24). 그릇이 자신을 만든 토기장이에게 왜 나는 이렇게 만들었냐고 따질 수 없습니다. 그것은 토기장이의 고유권한입니다. 우리는 하나님의 주권을 인정해야 합니다. 그릇은 다 각자 쓸모가 있어서 그렇게 만듭니다. 우리가 해야 할 일은 깨끗한 그릇이 되어, 각자의 쓸모에 맞게 쓰임 받으며 하나님의 영광을 위해 살아가면 됩니다. 사람이 볼 때 귀한 그릇이라도 더러운 그릇은 쓸모가 없습니다. 그러나 사람이 볼 때 천한 그릇이라도 깨끗한 그릇이 되면 그 쓸모에 맞게 귀하게 쓰임 받을 수 있습니다. 좀 부족하더라도 하나님께 순종하며 나아가는 사람은 하나님께서 은혜로 채워주시고, 어떤 잘난 사람보다도 더 귀하게 써주십니다.

 # 해시태그 _ 오늘 과에 대한 내 생각을 간단한 단어로 표현 해봐요

좋아요   개

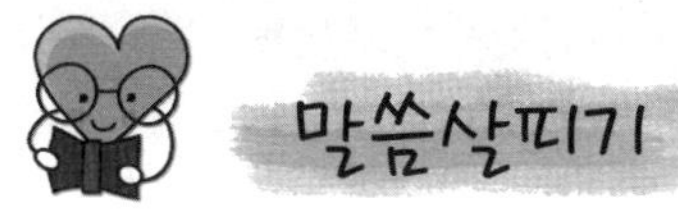

아래 말씀을 깊이 묵상하며 답을 해봅시다.

[마 25:14-30]

14또 어떤 사람이 타국에 갈 때 그 종들을 불러 자기 소유를 맡김과 같으니 15각각 그 재능대로 한 사람에게는 금 다섯 달란트를, 한 사람에게는 두 달란트를, 한 사람에게는 한 달란트를 주고 떠났더니 16다섯 달란트 받은 자는 바로 가서 그것으로 장사하여 또 다섯 달란트를 남기고 17두 달란트 받은 자도 그같이 하여 또 두 달란트를 남겼으되 18한 달란트 받은 자는 가서 땅을 파고 그 주인의 돈을 감추어 두었더니 19오랜 후에 그 종들의 주인이 돌아와 그들과 결산할새 20다섯 달란트 받았던 자는 다섯 달란트를 더 가지고 와서 이르되 주인이여 내게 다섯 달란트를 주셨는데 보소서 내가 또 다섯 달란트를 남겼나이다 21그 주인이 이르되 잘하였도다 착하고 충성된 종아 네가 적은 일에 충성하였으매 내가 많은 것을 네게 맡기리니 네 주인의 즐거움에 참여할지어다 하고 22두 달란트 받았던 자도 와서 이르되 주인이여 내게 두 달란트를 주셨는데 보소서 내가 또 두 달란트를 남겼나이다 23그 주인이 이르되 잘하였도다 착하고 충성된 종아 네가 적은 일에 충성하였으매 내가 많은 것을 네게 맡기리니 네 주인의 즐거움에 참여할지어다 하고 24한 달란트 받았던 자는 와서 이르되 주인이여 당신은 굳은 사람이라 심지 않은 데서 거두고 헤치지 않은 데서 모으는 줄을 내가 알았으므로 25두려워하여 나가서 당신의 달란트를 땅에 감추어 두었었나이다 보소서 당신의 것을 가지셨나이다 26그 주인이 대답하여 이르되 악하고 게으른 종아 나는 심지 않은 데서 거두고 헤치지 않은 데서 모으는 줄로 네가 알았느냐 27그러면 네가 마땅히 내 돈을 취리하는 자들에게나 맡겼다가 내가 돌아와서 내 원금과 이자를 받게 하였을 것이니라 하고 28그에게서 그 한 달란트를 빼앗아 열 달란트 가진 자에게 주라 29무릇 있는 자는 받아 풍족하게 되고 없는 자는 그 있는 것까지 빼앗기리라 30이 무익한 종을 바깥 어두운 데로 내쫓으라 거기서 슬피 울며 이를 갈리라 하니라

1. 하나님은 우리에게 서로 다른 분량의 재능들을 주셨다는 사실은 어떻게 비유되고 있습니까? (14-15절) 어떻게 생각해보면 하나님께서 사람을 차별하셨다고 불만을 가질 수도 있는데, 이에 대해 우리는 어떤 태도를 가져야 할까요?

정답_하나님께서는 어떤 사람에게는 5달란트, 어떤 사람에게는 2달란트, 어떤 사람에게는 1달란트를 맡기셨습니다. 이는 사람마다 받은 재능의 분량이 서로 다르다는 것입니다. 그것은 하나님의 주권에 속한 일입니다. 우리는 사람마다 차이가 있는 것을 당연한 것으로 여기고, 있는 그대로 담백하게 받아들여야 합니다.

2. 우리는 남과 비교하지 말고 각자 받은 재능대로 최선을 다해 충성해야 한다는 사실은 어떻게 비유되고 있나요? (19-23절)

정답_5달란트 받은 자와 2달란트 받은 자는 서로 비교하지 않았습니다. 서로 비교했으면 5달란트 받은 자는 2달란트 받은 자에 대해 우월감을 가졌을 것이고, 2달란트 받은 자는 5달란트 받은 자에 대해 열등감을 갖게 되었을 것입니다. 이처럼 서로 비교하는 것은 많이 받은 자도 적게 받은 자도 모두 망가뜨리게 합니다.

우리는 남이 받은 달란트와 내가 받은 달란트를 비교하지 말고, 내가 받은 달란트와 내가 남긴 달란트를 비교해야 합니다. 그래서 5달란트 받았으면 5달란트 남기도록, 2달란트 받았으면 2달란트 남기도록 최선을 다해야 합니다. 우리는 비교하며 살지 말고, 충성하며 살아야 합니다. 받은 달란트 만큼 충성을 다했을 때, 5달란트 남긴 자나 2달란트 남긴 자나 모두 같은 칭찬을 받았습니다.

3. 악하고 게을러서 재능을 땅에 묻어두기만 했던 사람은 어떤 핑계를 댔습니까? 그는 어떤 책망을 받았습니까? (24-30절)

정답_그는 주인은 엄한 사람이기 때문에 괜히 투자했다가 손해 보면 책망들을 것 같아서 그냥 땅에 묻어 두었다고 했습니다. 그러나 그런 핑계는 통하지 않았습니다. 정말 주인이 무서워 그랬다면 은행에 맡겨 이자라도 남겨놓았어야 하지 않겠느냐고 책망을 받았습니다.

우리는 남 탓하거나 환경만 탓하며 아무 것도 안하는 사람이 되면 안 되고, 작더라도 맡겨진 일에 최선을 다하는 삶을 살아야겠습니다.

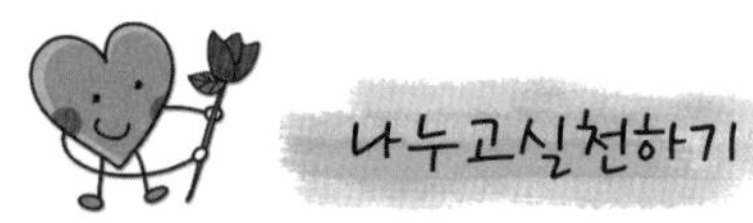

1. 다른 친구에게 부러워했던 부분은 무엇인가요? 내가 다른 친구들과 비교 해서 부족한 것 같아서 속상했던 부분이 있다면 무엇인가요?

청소년기에는 외모, 성적, 가정환경, 재능, 성격 등 많은 것들을 다른 친구들과 비교하면 서, 자신이 다른 친구들보다 못하다고 생각하면 심한 열등감에 빠지기 쉽습니다. 그런 열 등감에 사로잡히면 의욕을 잃고 우울감에 빠지게 되지요. 각자 자신이 열등감을 느끼는 부분이 있다면 진솔하게 나누어보고, 자신의 단점보다는 장점에 집중할 수 있도록 이끌 어주면 좋겠습니다.

2. 다음 글을 읽어보고 우리가 정말 비교해야 할 대상은 무엇인지 나누어 봅 시다.

* 중국의 작가이며 방송인인 러지아 : "비교의식은 고통의 근원이다. 그럼에도 불구하고 비교하는 것을 멈출 수 없다면 다른 사람이 아닌 자기 자신의 과거를 비교의 대상으로 삼 는 것이 유일한 해결방법이다. 세로로 비교하지 말고, 가로로 비교하라."
* 노벨 문학상 수상작가인 헤밍웨이 : "현재 다른 사람들과 자신을 비교해봐서 다른 사람 들보다 뛰어나다고 생각하는 것은 자랑거리가 되지 못한다. 진정한 자랑거리는 과거의 자신보다 뛰어난 현재의 자신이다."

우리는 다른 사람과 세로로 비교하며 서로 높낮이를 재려하지 말고, 과거의 나와 현재의 나를 가로로 비교하며 내가 과거에 비해 얼마나 더 앞으로 나아가고 있는지를 비교해야 합니다. 우리는 각자가 다 다르기 때문에 누구와도 자신을 비교할 필요 없고, 각자 자기 자신의 삶 속에서 갈수록 더 나아져가는 삶을 살면 됩니다.

3. 서로가 가지고 있는 장점들을 서로 이야기해주기로 해요. 어제의 자신에 비해 오늘 더 나아져야 할 부분은 무엇인지 서로 나누어 봅시다.

3과 내 자신을 바라보는 긍정의 눈

사람마다 자아상(self-image)을 갖고 있다. 이 자아상이란 사람이 자기 자신을 바라보는 관점이다. 마귀는 우리에게 부정적인 자아상을 갖게 만들어, 낮은 자존감 속에 불행하게 살아가게 만든다.

마음열기

스웨덴의 복음성가 가수인 레나 마리아는 두 팔이 없고 한쪽 다리는 짧은 심각한 선천성 장애를 안고 태어났습니다. 그녀의 부모는 절망하지 않고, 그녀를 여느 정상아처럼 키우기로 결단했습니다. 레나 역시 밝고 적극적인 소녀로 자라갔습니다. 한쪽 다리로 똑바로 서는데 3년, 혼자서 옷을 입는 데까지 12년이 걸렸지만, 낙심하지 않고 끝까지 도전해서 마침내 해낼 수 있게 되었습니다. 학교 다닐 때 못된 남학생들이 "어이~ 외다리"하고 놀리면, "어이~ 양다리"하고 되받아치며, 기죽지 않고 학교생활을 해냈습니다. 나중에 레나는 장애인 올림픽 수영 4관왕, 스톡홀름 음대 현대음악과를 졸업한 음악가, 구족화가, 성가대 지휘자, 가스펠 가수, 베스트셀러 작가, 세계적인 복음 전도자가 되었으며, 멋진 남편을 만나 행복한 가정을 이루기도 했습니다. 가장 불행할 수밖에 없었던 그녀가 가장 행복한 사람이 된 것은 긍정적인 자아상 때문입니다. 그녀는 "하나님께서는 나를 사랑하십니다. 내게 장애는 하나님의 일을 하라고 하나님께서 내게 주신 특권입니다."라고 고백하고 있습니다.

GOD TALK 하나님과 갓톡해요!

God!

00야! 네 스스로 '나는 ~때문에 안돼.'라고 생각하는 부분은 없니? 자신에게 있어서 가장 결정적인 약점이라고 생각하는 것은 무엇이니?

설명 | 우리는 '나는 ~때문에 안돼.'라고 생각할 때가 많은데, 하나님께서는 바로 그 약한 부분을 통해 우리에게 은혜를 주시고 약점을 강점 삼아 써주실 때가 많습니다. 사도 바울도 "그러므로 내가 그리스도를 위하여 약한 것들과 능욕과 궁핍과 박해와 곤고를 기뻐하노니 이는 내가 약한 그 때에 강함이라"라고 했습니다(고후 12:10). 우리가 스스로 강하다고 하면, 사람의 능력을 100으로 볼 때 100 이상의 일을 해낼 수 없습니다.

그러나 우리가 자신의 약함을 알고 겸손히 하나님의 도우심을 구할 때, 하나님이 함께 하시면 1,000의 일, 10,000의 일도 해낼 수 있습니다.

하나님은 겸손히 하나님을 의지하는 약한 사람을 통해, 어떤 강한 사람도 못해낼 놀라운 일들을 이루어 내십니다. 그러므로 우리는 자신의 약한 부분만 바라보지 말고, 함께 하실 하나님을 바라볼 수 있어야겠습니다.

해시태그 _ 오늘 과에 대한 내 생각을 간단한 단어로 표현 해봐요.

좋아요   개

아래 말씀을 깊이 묵상하며 답을 해봅시다.

[사 43:1-7]

[1]야곱아 너를 창조하신 여호와께서 지금 말씀하시느니라 이스라엘아 너를 지으신 이가 말씀하시느니라 너는 두려워하지 말라 내가 너를 구속하였고 내가 너를 지명하여 불렀나니 너는 내 것이라 [2]네가 물 가운데로 지날 때에 내가 너와 함께 할 것이라 강을 건널 때에 물이 너를 침몰하지 못할 것이며 네가 불 가운데로 지날 때에 타지도 아니할 것이요 불꽃이 너를 사르지도 못하리니 [3]대저 나는 여호와 네 하나님이요 이스라엘의 거룩한 이요 네 구원자임이라 내가 애굽을 너의 속량물로, 구스와 스바를 너를 대신하여 주었노라 [4]네가 내 눈에 보배롭고 존귀하며 내가 너를 사랑하였은즉 내가 네 대신 사람들을 내어 주며 백성들이 네 생명을 대신하리니 [5]두려워하지 말라 내가 너와 함께 하여 네 자손을 동쪽에서부터 오게 하며 서쪽에서부터 너를 모을 것이며 [6]내가 북쪽에게 이르기를 내놓으라 남쪽에게 이르기를 가두어 두지 말라 내 아들들을 먼 곳에서 이끌며 내 딸들을 땅 끝에서 오게 하며 [7]내 이름으로 불려지는 모든 자 곧 내가 내 영광을 위하여 창조한 자를 오게 하라 그를 내가 지었고 그를 내가 만들었느니라

1. 나라가 망해서 바벨론에 포로로 끌려와 있는 이스라엘 백성들에게 하나님께서는 어떤 약속을 주십니까? (2절)

정답_물 가운데로 지날 때 함께 하셔서 물이 침몰하지 못하게 할 것이며, 불 가운데로 지날 때에도 불꽃이 사르지 못하도록 지켜 주신다고 약속하셨습니다. 물과 불은 이스라엘 백성들이 처한 혹독한 시련을 상징합니다. 이스라엘이 홍해 바다를 건널 때 하나님께서 그들을 물 가운데서 지켜 주셨습니다. 다니엘의 세 친구들이 풀무불에 던져졌을 때, 하나님께서 그들을 불 가운데서 지켜 주셨습니다. 하나님께서는 그의 백성들을 그 어떤 어려운 환경 속에서도 지켜 주시겠다고 약속하셨습니다.

2. 하나님께서 이스라엘을 보호해주시는 이유는 무엇입니까? (1절)

정답_이스라엘은 '하나님의 것'이기 때문입니다. 이스라엘은 하나님께서 지으셨고, 하

나님께서 그의 백성으로 지명하여 부르셨으며, 하나님께서 구원하신 백성들입니다.

3. 하나님의 눈에 이스라엘은 어떻게 보입니까? (3-4절)

정답_하나님의 눈에 이스라엘 백성들은 보배롭고 존귀한 백성입니다. 비록 그들은 지금 이방 나라에 포로로 끌려와 한 없이 초라한 모습으로 있습니다. 사람의 눈으로 보기에는 보잘 것 없이 보이지만, 하나님의 눈에는 보석처럼 보인다는 것입니다. 하나님께서는 페르시아를 일으켜 바벨론에 포로로 끌려와 있는 이스라엘 백성들을 구원해주십니다. 하나님께서는 이스라엘보다 훨씬 크고 강한 나라인 애굽과 구스와 스바를 페르시아에 내어주는 대신 이스라엘을 건지시겠다고 하셨습니다. 사람의 눈에는 그들이 이스라엘보다 훨씬 더 보배롭고 존귀한 나라들이지만, 하나님께는 그들 전부보다도 이스라엘이 더 귀하다는 것입니다.
긍정적인 자아상은 '하나님의 눈'으로 나를 바라볼 수 있는 데서부터 시작됩니다. 하나님의 눈에 우리는 '독생자 예수 그리스도의 생명으로 값 주고 산 천하보다 귀한 하나님의 자녀들'입니다. 우리 자신이 우리를 어떻게 보든지, 우리에게 적대적인 사람들이 우리를 어떻게 보든지, 그것은 중요하지 않습니다. 하나님께서 우리를 어떻게 보시느냐가 중요합니다. 우리는 하나님의 눈으로 우리 자신을 바라볼 수 있어야 합니다. 누가 뭐라고 해도 우리는 하나님의 눈에 보배롭고 존귀한 백성들입니다.

4. 하나님의 백성들의 미래는 어떠할 것으로 약속되고 있습니까? (5-7절)

정답_하나님께서는 그들이 동서남북 어느 곳에 포로로 끌려가 있어도 다 돌아올 수 있게 하시겠다고 약속하십니다. 그들은 하나님의 이름으로 불려지는 하나님의 백성이며, 하나님의 영광을 위하여 창조된 백성들입니다. 그들은 하나님의 은혜로 다 회복되어, 온 세상에 하나님의 영광을 드러내는 삶을 살게 될 것입니다. 우리 역시 과정 속에는 어려움도 많이 있을 수 있겠지만, 지나고 나면 결과적으로는 하나님께 영광 돌리는 영광스러운 삶을 살게 될 것입니다.

1. 자존감(자아 존중감, self-esteem)은 자기 자신을 스스로 사랑하고 존중하는 마음을 의미합니다. 즉 자신이 사랑받을 만한 가치가 있는 소중한 존재이고, 어떤 성과를 이루어낼 만한 유능한 사람이라고 믿는 마음입니다. 자존감과 관련하여, 자신은 어느 그룹에 속한다고 생각하는지, 그렇게 생각하는 이유는 무엇인지 나누어 봅시다.

① 자존감이 매우 높은 편이다. ② 자존감이 높은 편이다. ③ 보통이다.
④ 자존감이 낮은 편이다. ⑤ 자존감이 매우 낮은 편이다.

자존감은 주변의 소중한 사람들(부모나 형제, 친구, 선생님 등)로부터 사랑받고 존중받으며 자라갈 때, 높아집니다. 그러나 그들로부터 무시, 거절, 학대 등을 받았을 때, 낮은 자존감에 시달리게 됩니다. 자존감이 낮은 사람들은 열등감, 우울증, 소심함 등의 증상을 보이며, 그러한 모습을 감추기 위해 오히려 더 과장해서 허세를 부리거나 공격성을 띠기도 하며, 성공하기 위해 극단적인 노력을 하기도 합니다. 하나님께서 독생자를 보내 구원해 주시기까지 사랑해주셨고 귀히 여기셨음을 깨달을 때, 우리는 영적으로 높은 자존감을 가지고 살 수 있습니다.

2. 다음 글을 읽고 자신의 자존감을 좀 더 높이기 위해 해야 할 일은 무엇인지 나누어 봅시다.

"자존감은 성공(success)을 욕구(pretensions)로 나눈 값입니다. 이 공식에 따르면, 자존감은 성공을 늘리거나 욕구를 줄여야 커질 수 있습니다. 다른 사람으로부터든 자기 자신으로부터든 성적, 외모, 실력, 성취 등에 있어서 자기 자신의 객관적인 수준보다 지나치게 높은 수준의 성공을 요구받을 때, 자존감은 낮아집니다. 현실적으로 급속도로 성공을 늘릴 수 없다면, 적절한 수순으로 욕구를 줄일 때 자존감은 높아집니다."

4과 외모가 다는 아냐!

한창 자신의 외모에 대해 민감한 청소년기에는 그 어느 때 보다도 외모에 신경을 많이 쓴다. 마귀는 이런 점을 악용하여, 우리가 외모에만 몰두하게 만든다. 이번 과에서는 우리가 외모보다도 더 중요시해야 할 것은 무엇인지 살펴보기로 하자.

마음열기

백범 김구 선생님에 관한 이야기입니다. 김구는 과거에만 합격하면 출세할 수 있다고 생각해서 최선을 다해 공부했지만, 계속해서 낙방하고 말았습니다. 왜냐하면 그가 천민 출신이었기 때문입니다. 낙심한 김구는 관상쟁이나 되야겠다고 마음을 먹고 관상학을 공부했습니다. 그런데 관상학을 통해서 자신의 얼굴을 살펴보니 최악의 관상이었습니다. 그는 너무나 화가 나서 관상책을 집어 던져버렸습니다. 그런데 던져진 관상책은 마지막 페이지가 펼쳐져 있었는데 거기에 쓰인 글귀 하나가 그의 정신을 번쩍 나게 했습니다. "얼굴 좋은 관상(觀相)은 몸이 좋은 신상(身相)만 못하고, 몸이 좋은 신상은 마음이 좋은 심상(心相)만 못하다."

큰 깨달음을 얻는 김구는 어떻게 하면 심상이 좋아질 수 있을까라고 찾다가 기독교인이 되었고, 교회학교 교사를 하던 자매와 결혼했으며, 온 국민의 사랑과 존경을 받는 독립운동가가 되었습니다. 사람에게 제일 중요한 것은 심상입니다.

하나님과 갓톡해요!

God!

00야! 너는 외모가 인생의 성공과 행복에서 어느 정도의 비중을 차지한다고 생각하니?

설명 | 외모지상주의(外貌至上主義, Lookism)는 사람을 볼 때 외모를 가장 중요한 가치로 보는 관점을 말합니다. 그 사람의 능력, 성격보다는 외모를 기준으로 개인의 우열을 결정하며, 외모가 인생의 성공과 행복에 절대적으로 큰 영향을 미친다고 생각하는 가치관입니다.

최근 한국 갤럽의 조사에 의하면, '우리 인생에서 외모는 중요하다고 생각하는가?'라는 질문에, 86%가 그렇게 생각한다고 대답했답니다(매우 중요하다 25%, 중요하다 61%). 중요하지 않다고 생각한 사람은 14%밖에 되지 않았다고 합니다(별로 중요하지 않다 13%, 전혀 중요하지 않다 1%). 외모지상주의에 빠진 전반적인 사회 분위기 속에서도, 우리는 외모만으로 사람을 평가해서는 안 됨을 강조해 주어야합니다. 물론 외모도 중요한 가치 중의 하나이지만 그것이 전부는 아니며, 사람에게는 외모 외에도 중요한 가치들이 많이 있음을 교훈해주어야겠습니다.

 # 해시태그 _ 오늘 과에 대한 내 생각을 간단한 단어로 표현 해봐요

좋아요   개

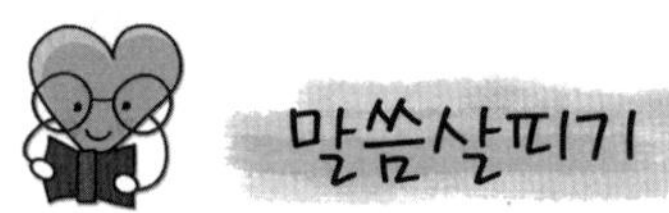

아래 말씀을 깊이 묵상하며 답을 해봅시다.

[벧전 3:1-4]
¹아내들아 이와 같이 자기 남편에게 순종하라 이는 혹 말씀을 순종하지 않는 자라도 말로 말미암지 않고 그 아내의 행실로 말미암아 구원을 받게 하려 함이니 ²너희의 두려워하며 정결한 행실을 봄이라 ³너희의 단장은 머리를 꾸미고 금을 차고 아름다운 옷을 입는 외모로 하지 말고 ⁴오직 마음에 숨은 사람을 온유하고 안정한 심령의 썩지 아니할 것으로 하라 이는 하나님 앞에 값진 것이니라

1. 베드로 사도는 초대교회의 여성도들에게 어떤 권면을 하였습니까? (1a)

정답_ 베드로는 초대교회의 여성도들에게 "남편에게 순종하라"라고 권면하고 있습니다. 당시의 여성도들은 대부분 아직 믿지 않는 남편과 살고 있었습니다. 가부장적인 당시의 사회에서, 남편과 다른 종교를 가진 여인들은 많은 핍박을 받아야 했습니다. 그런 상황에서 "남편에게 순종하라."는 말은 신앙을 포기하라는 뜻이 아니라, 신앙과 관련된 문제를 제외하고는 모든 면에서 남편을 잘 섬기라는 뜻입니다.

2. 그가 위와 같은 권면을 한 이유는 무엇입니까? (1b-2절)

정답_ 믿는 아내가 믿지 않는 남편을 잘 섬기면, 그 남편이 아내의 말을 통해 전해지는 복음은 영접하지 않을지 몰라도 아내의 삶을 통해 전해지는 복음을 영접할 수도 있기 때문입니다. 복음은 믿는 사람들의 말을 통해서도 전해지지만, 그들의 삶을 통해서도 전해집니다. 믿는 아내가 하나님을 두려워하며 경건하고 정결하게 살아가는 모습을 지켜 본 남편들이 감동을 받아 하나님께로 돌아올 수도 있기 때문입니다.

3. 당시의 믿지 않는 사람들이 가장 신경을 썼던 것은 무엇입니까? (3절)

정답_당시의 믿지 않는 여인들은 외적인 단장에 관심을 많이 기울였습니다. 머리를 꾸미고, 금을 차고, 아름다운 옷을 입는 것으로 외모를 가꾸었습니다. 요즘 말로 하면 헤어스타일, 악세서리, 패션에 관심이 많았던 것입니다. 그래서 더 비싸고 화려한 것으로 치장하려는 경쟁이 생겨나고 사치 풍조가 가득했던 것입니다.

4. 예수 믿는 우리가 가장 신경을 써야 할 부분은 무엇입니까? (4절)

정답_사도 베드로는 성도들에게 믿지 않는 세상 사람들처럼 육신의 겉 사람만 꾸미려 하지 말고, 마음의 속사람을 아름답게 가꾸라고 교훈합니다. 헤어스타일, 악세서리, 패션 등에 관심을 가지는 것 이상으로, 마음을 온유하고 평안하게 가꾸어가라는 것입니다. 온유는 거친 야생마가 잘 훈련되어 명마가 되듯이, 하나님의 성령과 말씀으로 마음이 따뜻하고 부드럽게 잘 훈련되어 하나님과 사람을 위해 귀하게 쓰임 받는 것을 말합니다. 거친 세상 속에서 온유하고 안정된 마음을 가진 사람은 누구에게나 환영받습니다. 그가 온유하고 안정될 수 있는 이유는 하나님을 의지하고 신뢰하기 때문입니다. 그것이 하나님 앞에 값진 것이라고 했습니다.

초대교회의 종교철학자 필로도 비슷한 이야기를 했는데, "여인을 장식하여 그녀를 더욱 단정하게 하는 것은 금이나 에메랄드나 화려한 옷이 아니라, 존엄과 선행과 겸양으로 옷을 입는 것이다."라고 했습니다. 잠 31:30절에도 "고운 것도 거짓되고 아름다운 것도 헛되나 오직 여호와를 경외하는 여자는 칭찬을 받느니라"라고 하였습니다.

성도는 외모보다는 내면을 아름답게 가꾸어야 합니다. 그리고 그런 아름다운 내면은 그의 삶을 통해 자연스럽게 배어나오게 될 것이고, 그 삶을 통해 믿지 않는 사람들을 하나님 앞으로 인도할 수 있습니다. 우리가 외모에 신경을 쓰고 이를 잘 가꾸는데 드는 시간과 비용의 절반만이라도 우리의 신앙과 내면을 위해 쓴다면 우리 삶에는 놀라운 일들이 일어날 것입니다.

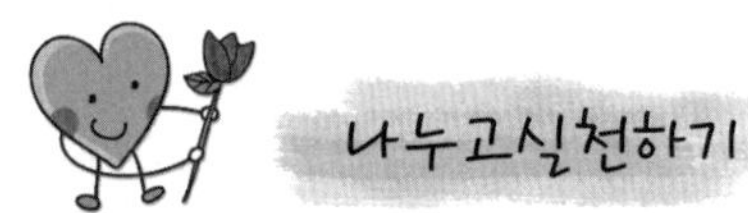

1. 각자의 얼굴에서 가장 자신 있는 부분은 어디인지, 반대로 가장 자신 없는 부분은 어디인지 나누어 봐요. 다른 친구들의 외모에서 제일 부러운 부분은 어디인지 이야기해봅시다.

상업주의는 어느 특정한 스타일의 외모(특별히 서구형)만을 부각시킵니다. 많은 사람들이 거기에 현혹되어 그들이 제시하는 외모형 외에는, 잘생기지 못했거나 아름답지 못한 것으로 오해합니다. 그러나 우리는 각자 독특한 개성을 가지고 있으며, 각자 나름의 아름다움을 가지고 있음을 깨달아야합니다.

2. 외모지상주의 사회에서는 외모 때문에 특별대우를 받거나 차별대우를 받는 경우도 많지요. 사회적으로 그러한 예들은 무엇이 있을까요? 혹은 개인이 경험한 것이 있다면 나누어 봅시다.

우리 사회는 외모지상주의가 심해서, 외모는 친구 관계, 연애, 결혼 등은 물론이고, 취업, 승진, 성공 등에 많은 영향을 끼칩니다. 심지어 범죄자가 법정에서 판결을 받을 때조차도, 외모가 뛰어난 사람은 그렇지 못한 사람보다 이익을 받는다고 합니다. 그러다 보니 외모가 뛰어나야 한다는 사회적 압력이 너무 강해서 우리나라는 세계 최고의 성형수술율을 기록하고 있습니다(인구 천 명당 13.5건). 외모차별은 인종차별, 성차별만큼이나 어리석은 사회악입니다.

3. 우리가 외모만큼이나, 혹은 외모 이상으로 소중히 여겨야 할 가치들은 무엇이 있는지 나누어 봅시다. 실제 생활 속에서 그런 가치들을 어떻게 실천해 나가야 합니까?

사람은 외모를 보지만 하나님께서는 그 중심을 보신다고 하셨습니다(삼상 16:7). 하나님께서 보실 때에는 특별히 신앙이 가장 중요합니다. 우리는 내 자신은 물론, 다른 사람의 신앙을 귀히 여기는 삶을 살아야 합니다. 또한 외모뿐만 아니라 실력이나 인격으로 사람을 평가해야 합니다.

5과 주 안에서 홀로 서기

우리는 서로 서로 의지하며 신앙생활을 해야 하지만, 신앙생활이란 궁극적으로는 하나님과 자기 자신의 일 대일의 관계다. 누구의 도움이 없이도 오직 하나님만 의지하며 홀로 설 수 있어야, 견고한 믿음이 된다. 마귀는 우리가 사람을 지나치게 의존하게 만든다. 오늘은 영적 홀로서기에 대해 생각해보자.

마음열기

미국 캘리포니아 연안의 몬트레이 마을은 펠리칸의 천국으로 유명한 관광지였습니다. 왜냐하면 그곳의 어부들이 쓸모없는 작은 물고기들은 던져버렸고, 그러면 기다리고 있던 수많은 펠리칸 떼가 몰려와 서로 먹으려고 다투는 모습이 큰 구경거리가 되었기 때문입니다. 그런데 버려지던 작은 물고기들을 가공해서 사료로 팔 수 있게 되자, 어부들은 더 이상 물고기를 버리지 않았습니다. 그러자 수많은 펠리칸들이 굶어죽기 시작했습니다. 그들은 오랫동안 어부들이 버린 물고기를 먹는 데에만 길들여져 있어서, 스스로 사냥하는 법을 잊어버렸기 때문입니다. 펠리칸의 천국이라 불리던 그곳은 이제 펠리칸의 지옥이 되었습니다. 그 모습을 불쌍히 여긴 어부들이 좋은 아이디어를 냈습니다. 멀리 떨어진 곳에서 스스로 먹이를 사냥할 줄 아는 펠리칸 몇 마리를 가져다가 풀어놓은 것입니다. 그들이 능숙하게 물고기를 잡아먹는 모습을 본 펠리칸들은 그제야 그들을 따라서 먹이를 스스로 사냥하여 굶주림을 면할 수 있었습니다. 펠리칸도 그렇고, 사람도 그렇고 다른 사람을 의지하지 않고 스스로 살 수 있어야 합니다.

하나님과 갓톡해요!

God!

00야! 요즘 네가 가장 의지하는 사람은 누구니? 혹시 그 사람을 나보다 더 의지하는 경우는 없니?

설명 | 사람은 서로 의지하며 살아가는 존재입니다. 서로가 서로에게 의지하고 의지가 되어주면 참 복된 삶이라고 할 수 있겠지요. 그러나 사람에게 지나치게 의존해서, 삶의 모든 행복을 어느 한 사람으로부터 기대하면 문제가 생깁니다.

왜냐하면 우리가 의지하고자 하는 그 사람 역시 불완전한 존재여서, 누군가를 의지하며 살아야하기 때문입니다. 결국 우리가 온전히 의지할 대상은 완전하신 하나님 한 분밖에 없습니다. 우리는 하나님을 의지하여, 다른 사람을 의지하지 않고도 스스로 홀로 설 수 있어야 합니다.

그래야 사람에게 대한 지나친 헛된 기대와 실망이 반복되는 악순환을 벗어날 수 있습니다. 하나님 안에서 홀로서기에 성공한 사람들만이 서로를 지나치게 의존하지 않고 오히려 서로의 필요를 채워줄 수 있는 건강한 만남을 가질 수 있습니다.

 # 해시태그 _ 오늘 과에 대한 내 생각을 간단한 단어로 표현 해봐요

좋아요   개

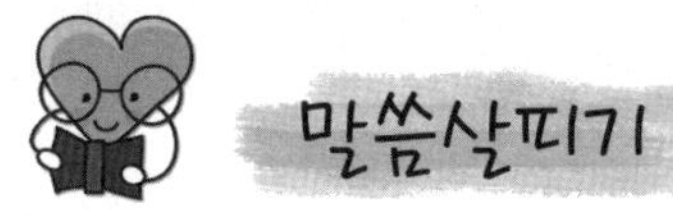

아래 말씀을 깊이 묵상하며 답을 해봅시다.

[요 4:7-18]

7 사마리아 여자 한 사람이 물을 길으러 왔으매 예수께서 물을 좀 달라 하시니 8 이는 제자들이 먹을 것을 사러 그 동네에 들어갔음이러라 9 사마리아 여자가 이르되 당신은 유대인으로서 어찌하여 사마리아 여자인 나에게 물을 달라 하나이까 하니 이는 유대인이 사마리아인과 상종하지 아니함이러라 10 예수께서 대답하여 이르시되 네가 만일 하나님의 선물과 또 네게 물 좀 달라 하는 이가 누구인 줄 알았더라면 네가 그에게 구하였을 것이요 그가 생수를 네게 주었으리라 11 여자가 이르되 주여 물 길을 그릇도 없고 이 우물은 깊은데 어디서 당신이 그 생수를 얻겠사옵나이까 12 우리 조상 야곱이 이 우물을 우리에게 주셨고 또 여기서 자기와 자기 아들들과 짐승이 다 마셨는데 당신이 야곱보다 더 크니이까 13 예수께서 대답하여 이르시되 이 물을 마시는 자마다 다시 목마르려니와 14 내가 주는 물을 마시는 자는 영원히 목마르지 아니하리니 내가 주는 물은 그 속에서 영생하도록 솟아나는 샘물이 되리라 15 여자가 이르되 주여 그런 물을 내게 주사 목마르지도 않고 또 여기 물 길으러 오지도 않게 하옵소서 16 이르시되 가서 네 남편을 불러 오라 17 여자가 대답하여 이르되 나는 남편이 없나이다 예수께서 이르시되 네가 남편이 없다 하는 말이 옳도다 18 너에게 남편 다섯이 있었고 지금 있는 자도 네 남편이 아니니 네 말이 참되도다

1. 예수님께서 수가 성 야곱의 우물가에서 사마리아 여인에게 물을 좀 달라고 했을 때, 그 여인이 깜짝 놀란 이유는 무엇입니까? (7-9절)

정답_ 당시 사회에서는 남녀 간의 대화가 금기시되었습니다. 당시의 랍비들은 "여인과 오랫동안 이야기 하지 말라, 누구든지 심지어 자기 아내하고도 거리에서 이야기 하지 말라"고 가르쳤습니다. 더군다나 그 여인은 이스라엘 북쪽의 사마리아 사람이었습니다. 그들은 과거 앗수르에게 지배당했을 때, 이방 사람들과 혈통과 문화와 종교가 뒤섞여버린 사람들로서, 정통 유대인들로부터 무시당하던 사람들이었습니다. 그러니 남자인 예수님이 여자, 그것도 사마리아 여자인 자신에게 말을 걸어오자 깜짝 놀란 것입니다. 예수님은 그 어떤 인간적인 조건도 따지지 않고, 목마른 영혼을 찾아오셨습니다.

2. 예수님께서 사마리아 여인에게 어떤 샘물을 주시겠다고 약속하셨습니까?
(10-14절)

정답_ 야곱의 우물에서 길러낸 물은 잠시 목마름을 해갈해 주지만 곧 있으면 또 다시 목이 마릅니다. 그러나 예수님은 영원히 목마르지 않을 물을 주시겠다고 약속하고 계십니다. 그 물은 그것을 마시는 자 안에서 영생하도록 솟아나는 샘물이 될 것입니다. 그 물은 믿는 자들의 마음속에 충만히 흐르게 될 성령을 상징합니다(요 7:38). 예수님을 믿어 구원받고 하나님과 관계가 회복된 사람들의 마음속에 성령을 통해 임하게 될 영원한 참된 만족을 의미합니다. 우리 안에는 하나님 외에는 그 무엇도 채워줄 수 없는 근원적인 영적 목마름이 있습니다. 세상의 모든 부와 권력과 명예와 쾌락을 다 얻는다 해도 다 채워질 수 없는 텅 빈 공간이 있습니다. 어거스틴의 말대로 하나님의 품에 안기기 전에는 우리 마음엔 참된 안식이 없습니다.

3. 약속하신 샘물을 달라는 여인에게 예수님께서 갑자기 명령하신 것은 무엇입니까? 예수님과의 대화 속에서 나타난 사마리아 여인의 지금까지의 삶은 어떠했습니까?(15-18절)

정답_ 예수님은 갑자기 그 여인에게 남편을 데리고 오라고 했습니다. 그리고 그 여인과의 대화 속에 다섯 남편과 살았지만 참된 만족을 얻지 못했고, 지금 여섯 번째 남자와 살고 있지만 그 남자와도 온전한 행복을 누리지 못하고 있는 그 여인의 삶이 드러나게 하셨습니다. 이는 그 여인의 부도덕성을 드러낼 뿐 아니라, 사람을 통해서는 결코 참된 만족을 얻을 수 없음을 보여줍니다. 그 여인은 그 동안 많은 남자들을 통해 자신의 영적 목마름을 해결받기를 기대했을 것입니다. 그러나 그들과의 관계 속에서 얻어지는 행복은 잠시 목마름을 해결할 수 있을 뿐, 다시 목이 마르는 우물물과도 같았습니다. 또한 그 남자들 역시도 누군가가 자신들의 목마름을 해결해주기를 기대하는 목마른 사람들이었을 것입니다.

사람에게 의존해서는 결코 영적 목마름이 완전히 해결되지 않습니다. 주님 안에서 하나님의 은혜로 그 목마름이 온전히 해결 받은 사람만이 사람을 향한 건강하지 못한 의존관계에서 벗어나 당당하게 홀로 설 수 있습니다. 그런 사람만이 자신이 받은 은혜를 나눠주며, 다른 사람의 목마름도 해결해 줄 수 있습니다.

1. 사람과의 관계에서 상대방에 대해 너무 많은 것을 기대하거나 상대방을 지나치게 의존했다가 실망하거나 관계가 깨어져 낙심한 경험이 있다면 나누어 봅시다.

누군가에게 기대어 의존되어 있을 때 안정감을 느끼는 의존관계는 건강한 관계라고 할 수 없습니다. 건강하지 못한 의존관계는 다음과 같은 특징들이 나타납니다.

① 어떤 사람과 함께 있어야만 마음이 안정이 되고, 둘 사이가 약간이라도 멀어지면 불안해 하며 화를 내거나 의기소침한다.

② 둘 사이에 다른 사람이 끼어들면 불편하고, 다른 사람과의 교제에는 관심이 없다.

③ 상대방을 독차지하기 위해 그를 감시하거나 다른 사람으로부터 그를 차단시키려고 애쓴다.

④ 상대방이 조금만 잘해줘도 나는 그에게 모든 것을 다 주려한다.

⑤ 관계가 깨어진다면 자신은 타락하거나 자살하게 될 것이라고 직간접적으로 상대방을 위협한다.

친밀한 우정이나 사랑의 관계를 넘어, 집착에 빠지지 않도록 주의해야합니다.

2. 하나님을 더욱 의지하고, 하나님과의 관계 속에서 참된 안정감을 누리기 위해 우리가 해야 할 일은 무엇이 있습니까?

우리는 하나님과 깊이 교제하는 가운데 영원히 목마르지 않을 생수를 얻게 됩니다. 그것은 성령을 통해 우리 마음에 주시는 참된 만족을 의미합니다. 우리는 예배, 말씀 묵상, 찬양, 기도, 성숙한 성도들과의 교제, 자원하는 헌신 등을 통해 이것을 충만하게 누릴 수 있습니다.

3. 하나님과의 더 깊은 교제를 위해 한 주간 동안 각자의 삶 속에서 실천할 수 있는 일은 구체적으로 무엇이 있겠는지 나눠봅시다.

6과 상처의 쓴 뿌리 캐내기

우리는 살아가다보면 여러 가지 상처를 경험하게 된다. 하나님께서는 그러한 상처가 디딤돌이 되어 우리가 더욱 성숙한 믿음으로 설 수 있게 하신다. 그러나 마귀는 그것이 걸림돌이 되어 걸려 넘어지게 만든다. 우리 안에 있는 상처들을 어떻게 처리해야 할지 살펴보자.

마음열기

미국의 스토우 부인은 어느 것 하나 부러울 것이 없는 삶을 살았습니다. 목사님 가정의 딸로 태어나 많은 사랑을 받고 자랐고, 자상한 남편을 만나 그 사이에서 딸을 낳아 기르며 행복한 생활을 했습니다. 그런데 그런 그녀에게 엄청난 불행이 찾아왔습니다. 바로 무남독녀 외동딸이 병으로 죽고 만 것입니다. 스토우 부인은 가슴이 찢어지는 것 같은 아픔 속에 딸의 장례식을 겨우 마쳤습니다.

얼마 후 그녀는 알 수도 없는 곳으로 팔려가는 딸을 바라보며, 울부짖는 한 흑인 노예 어머니를 보게 되었습니다. 노예 제도가 있던 당시 사회에서 이는 흔히 볼 수 있는 일이었지만, 얼마 전에 사랑하는 외동딸을 잃었던 스토우 부인에게는 그 어머니의 울부짖음이 남의 일 같지 않았습니다. 그래서 그녀는 흑인 노예들의 비참한 삶을 그린 "톰 아저씨의 오두막집"이라는 책을 썼고, 그 책은 온 미국을 뒤집어 놓았습니다. 그 결과 남북전쟁을 거쳐 노예해방이 이루어지게 되었습니다. 하나님께서는 우리가 받은 상처를 통해, 상처받은 수많은 사람들을 치유하는 일을 하실 때가 많습니다.

하나님과 갓톡해요!

00야! 너는 지금까지 살아오면서 마음에 큰 상처로 남는 일을 겪은 적은 없니? 그 상처에 대해 너는 어떻게 반응했니?

설명 | 우리는 살아가면서 견디기 힘든 어려운 일들을 겪을 때도 많습니다. 그런 일을 겪다보면 '과연 하나님이 살아 계신가?', '하나님이 살아계신다 하더라도 과연 그분이 나를 사랑하시는가?'라는 회의에 빠질 때가 많습니다.

그러나 우리가 분명히 알아야 할 것은 이 세상에 결코 우연이란 없다는 것입니다. 모든 일들 속에는 하나님의 선하신 섭리가 있다는 사실을 확신해야 합니다. 지금은 다 알 수 없지만 언젠가는 하나님의 선하신 뜻을 온전히 알 수 있게 될 때가 올 것입니다. 그러므로 이해하기 힘든 일들이 삶 속에 찾아올 때는 "판단 중지!"를 외치고, 시간이 지나도록 조금 지내보는 것이 좋습니다. 섣불리 판단해서 시험에 들지 말고, 믿음을 가지고 잘 견디며 지내보면 머지않아 하나님의 선하신 뜻이 이루어지는 것을 보게 될 줄로 믿습니다.

해시태그 _ 오늘 과에 대한 내 생각을 간단한 단어로 표현해봐요

좋아요　　　개

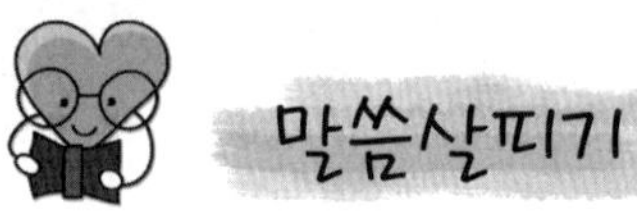

아래 말씀을 깊이 묵상하며 답을 해봅시다.

[창 50:15-21]

[15]요셉의 형제들이 그들의 아버지가 죽었음을 보고 말하되 요셉이 혹시 우리를 미워하여 우리가 그에게 행한 모든 악을 다 갚지나 아니할까 하고 [16]요셉에게 말을 전하여 이르되 당신의 아버지가 돌아가시기 전에 명령하여 이르시기를 [17]너희는 이같이 요셉에게 이르라 네 형들이 네게 악을 행하였을지라도 이제 바라건대 그들의 허물과 죄를 용서하라 하셨나니 당신 아버지의 하나님의 종들인 우리 죄를 이제 용서하소서 하매 요셉이 그들이 그에게 하는 말을 들을 때에 울었더라 [18]그의 형들이 또 친히 와서 요셉의 앞에 엎드려 이르되 우리는 당신의 종들이니이다 [19]요셉이 그들에게 이르되 두려워하지 마소서 내가 하나님을 대신하리이까 [20]당신들은 나를 해하려 하였으나 하나님은 그것을 선으로 바꾸사 오늘과 같이 많은 백성의 생명을 구원하게 하시려 하셨나니 [21]당신들은 두려워하지 마소서 내가 당신들과 당신들의 자녀를 기르리이다 하고 그들을 간곡한 말로 위로하였더라

1. 아버지 야곱이 죽은 후에 요셉의 형들은 무엇을 걱정했습니까? (15절)

정답_요셉의 형들은 아버지의 사랑을 독차지하는 요셉을 질투하여 그를 애굽(이집트)에 종으로 팔아버렸습니다. 낯선 나라에 종으로 팔려간 요셉은 얼마나 힘들었을까요? 더구나 그곳에서 요셉은 억울한 누명을 쓰고 감옥에 갇히기까지 했습니다. 이제 하나님의 은혜로 애굽의 총리가 된 요셉을 만난 형들은 요셉이 자신들이 행한 악에 대해 복수하지 않을까 하여 걱정했습니다. 더구나 아버지 야곱마저 죽자, 그들의 걱정은 더욱 깊어졌습니다.

2. 요셉의 형들은 요셉에게 어떤 부탁을 하였습니까? (16-17절)

정답_요셉의 형들은 요셉에게 사람을 보내, 아버지 야곱의 유언을 전했습니다. 야곱

은 자신이 죽은 후에 혹시 요셉이 형들에게 복수할까 염려되어, 그들이 행한 악과 그들의 허물과 죄를 용서하라고 유언했다는 것입니다. 형들은 자신들의 악은 벌을 받아야 마땅하지만, 아버지 야곱을 봐서라도 자신들을 용서해줄 것을 부탁하고 있습니다.

3. 형들을 요셉은 어떻게 위로하였습니까? (21절)

정답_요셉은 전혀 뜻밖의 반응을 보입니다. 형들이 행한 악과 허물과 죄를 용서하여 보복하지 않는 차원을 넘어, 형들과 형들의 자녀들까지 다 돌보아주겠다고 약속하며 간곡하게 위로한 것입니다. 요셉은 악을 악으로 갚지 않았습니다. 그는 악에게 지지 않고 오히려 선으로 악을 이겼습니다(롬 12:17-21 참조).

4. 요셉이 형들을 용서할 수 있었던 이유는 무엇입니까? (20절, 창 45:5 참조)

[창 45:5]
5 당신들이 나를 이 곳에 팔았다고 해서 근심하지 마소서 한탄하지 마소서 하나님이 생명을 구원하시려고 나를 당신들보다 먼저 보내셨나이다

정답_요셉은 겉으로 보기에는 형들이 자신을 애굽에 판 것 같지만, 실제로는 하나님께서 그를 애굽에 보내신 것이라고 해석했습니다. 하나님께서는 7년 대 기근에 앞서 애굽에 요셉을 먼저 보내서 그를 총리로 만드셔서, 그의 가정을 살리고 애굽을 살리고 주변 나라들을 살리셨습니다. 형들은 요셉에게 악을 행했지만, 하나님께서는 그것을 선으로 바꾸셨습니다. 모든 것이 합력하여 선을 이루게 하셨습니다(롬 8:28).

요셉의 마음에 형들을 향한 상처와 미움과 복수심의 쓴 뿌리가 남지 않은 이유는 이처럼 하나님의 관점에서 바라볼 수 있었기 때문입니다. 한 때는 견디기 힘들만큼 힘들고 어려운 시간들이었지만, 지나고 보면 하나님의 놀라운 계획이 이루어지는 과정이었음을 볼 수 있는 눈이 열렸기 때문입니다. 하나님의 시각으로 바라보며 사건들을 해석할 때, 우리는 내 삶에 깊이 박힌 쓴 뿌리를 뽑아낼 수 있는 능력을 얻게 됩니다.

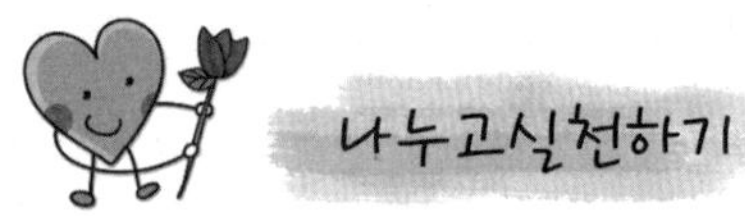

1. 지금까지 지내오면서 가장 힘들었던 일은 무엇인지, 가장 힘들게 했던 사람은 누구였는지 나누어 봅시다.

우리에게 있어서 어떤 사건 보다도 더 중요한 것은 그 사건에 대한 해석입니다. 똑 같은 사건을 겪어도, 그 사건을 부정적으로 해석하고 부정적으로 반응한 사람과 그것을 긍정적으로 해석하고 긍정적으로 반응한 사람의 삶은 정반대의 결과를 가져오게 됩니다. 믿는 사람도 안 믿는 사람과 똑같이 삶 속에 여러 어려움을 겪습니다. 그러나 믿는 사람의 차이점은 그런 어려움을 긍정적으로 해석할 수 있는 시각을 가졌다는 것이고, 그런 어려움에 긍정적으로 반응할 수 있는 능력을 받았다는 것이지요. 그들은 그런 상처들이 자신들의 삶에 불평과 불만, 미움과 다툼의 쓴 뿌리로 남지 않고, 오히려 놀라운 축복의 열매로 맺히게 합니다.

2. 다음 글을 읽고 자신의 상처를 어떻게 승화시켜 나가야 할지 나누어 봅시다.

1886년에 영국에서 한 소년이 태어났습니다. 그 소년은 뼈와 관절에 선천적인 장애를 가지고 있어서 극심한 고통에 시달려야 했습니다. 그러나 그 소년은 아버지가 말씀해주신 한 마디를 붙잡고 그 모든 어려움을 이겨냈습니다. 그는 자신과 같은 고통을 겪는 사람들을 위해 헌신하기로 마음먹고 최선을 다해 노력한 결과, 현대 외과 정형수술의 선구자요, 영국 외과학회 회장, 국제 외과학회 회장을 역임한 세계적 명의가 되었습니다. 그는 해리 플랫 경(Sir Harry Platt)입니다. 그의 아버지가 그에게 들려주었던 한마디는 "너의 상처가 별이 되게 하여라(Turn your scar into a star)."였습니다.

3. 자신의 삶 속에 믿음을 가지고 보다 더 긍정적으로 해석하고, 긍정적으로 반응해야 할 일은 무엇인지 서로 나누고, 서로를 위해서 기도하는 시간을 가져 봅시다.

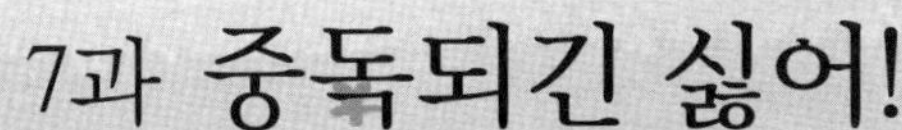
7과 중독되긴 싫어!

[가다듬기]

중독이란 술이나 마약 따위를 계속적으로 지나치게 복용하여 그것이 없이는 정상적인 생활이 불가능해진 상태를 말한다. 여러 가지 악한 것들에 우리가 중독되게 하여 우리의 삶을 파괴시키는 마귀의 역사를 살펴보고 거기에 당하지 않도록 하자.

 마음열기

중독 전문가 단체인 '중독포럼'에 따르면 우리나라에는 알코올 중독자 155만 명, 인터넷 혹은 스마트폰 중독자 233만 명, 도박 중독자 220만 명, 마약 중독자 10만 명 등, 우리나라 인구 약 5,000만 명 중 618만 명이 4대 중독에 빠져 있다고 합니다. 이는 국민 8명에 1명꼴입니다. 이런 중독으로 인한 사회경제적 비용만 연간 109조 5,000억 원에 이를 정도라고 합니다. 특별히 청소년들의 인터넷 혹은 스마트폰 중독이 심각한 상태인데, 여성가족부가 전국 청소년 129만1천546명을 대상으로 조사한 결과에 의하면, 15.2%에 해당하는 19만6천337명이 인터넷 또는 스마트폰 의존도가 지나치게 높은 '과의존 위험군'으로 진단됐다고 합니다. 기독교 상담학자인 에드워드 웰치는 중독은 영적 주권(Lordship)에 관한 문제라고 진단하고, "누가 당신의 주인인가? 하나님인가? 욕구인가?"라고 묻습니다. 중독은 우리의 영적 주권을 하나님이 아닌 우리가 원하는 중독 물질이나 행위에 내주어 버리는 우상숭배와 같습니다.

하나님과 갓톡해요!

God! 00야! 너는 중독이 단순히 개인적인 취향이나 습관의 문제라고 생각하니? 그 뒤에 역사하는 마귀의 힘에 대해서 생각해본 적은 없니?

설명 | 중독은 단순히 개인적인 취향이나 습관의 문제가 아닙니다. 그 뒤에는 보이지 않는 곳에서 역사하는 마귀의 힘이 개입되어 있습니다. 마귀는 '도적질하고 죽이고 멸망시키기 위해' 역사합니다(요 10:10).

마귀의 힘은 사람보다 훨씬 강하기 때문에, 그 강력한 힘으로 사람을 중독으로 이끌어 갑니다. 그렇게 해서 개인의 삶은 물론이고 가정과 교회와 사회와 국가마저 파괴시켜 버리려고 발악을 합니다. 하지만 선한 목자이신 예수님은 우리로 하여금 '생명을 얻되 더 풍성히 얻게 하시려고' 오셨습니다.

예수님은 마귀의 파괴적인 모든 역사를 깨뜨리고, 우리를 풍성한 생명으로 인도해주십니다. 마귀의 결박에서 우리를 해방시켜 주시고, 행복한 삶을 살 수 있는 참된 자유를 주십니다.

해시태그 _ 오늘 과에 대한 내 생각을 간단한 단어로 표현해봐요

좋아요 　 개

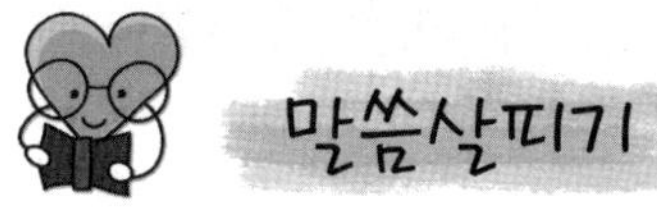

아래 말씀을 깊이 묵상하며 답을 해봅시다.

[마가복음 5:1-15]
¹예수께서 바다 건너편 거라사인의 지방에 이르러 ²배에서 나오시매 곧 더러운 귀신 들린 사람이 무덤 사이에서 나와 예수를 만나니라 ³그 사람은 무덤 사이에 거처하는데 이제는 아무도 그를 쇠사슬로도 맬 수 없게 되었으니 ⁴이는 여러 번 고랑과 쇠사슬에 매였어도 쇠사슬을 끊고 고랑을 깨뜨렸음이러라 그리하여 아무도 그를 제어할 힘이 없는지라 ⁵밤낮 무덤 사이에서나 산에서나 늘 소리 지르며 돌로 자기의 몸을 해치고 있었더라 ⁶그가 멀리서 예수를 보고 달려와 절하며 ⁷큰 소리로 부르짖어 이르되 지극히 높으신 하나님의 아들 예수여 나와 당신이 무슨 상관이 있나이까 원하건대 하나님 앞에 맹세하고 나를 괴롭히지 마옵소서 하니 ⁸이는 예수께서 이미 그에게 이르시기를 더러운 귀신아 그 사람에게서 나오라 하셨음이라 ⁹이에 물으시되 네 이름이 무엇이냐 이르되 내 이름은 군대니 우리가 많음이니이다 하고 ¹⁰자기를 그 지방에서 내보내지 마시기를 간구하더니 ¹¹마침 거기 돼지의 큰 떼가 산 곁에서 먹고 있는지라 ¹²이에 간구하여 이르되 우리를 돼지에게로 보내어 들어가게 하소서 하니 ¹³허락하신대 더러운 귀신들이 나와서 돼지에게로 들어가매 거의 이천 마리 되는 떼가 바다를 향하여 비탈로 내리달아 바다에서 몰사하거늘 ¹⁴치던 자들이 도망하여 읍내와 여러 마을에 말하니 사람들이 어떻게 되었는지를 보러 와서 ¹⁵예수께 이르러 그 귀신 들렸던 자 곧 군대 귀신 지폈던 자가 옷을 입고 정신이 온전하여 앉은 것을 보고 두려워하더라

1. 거라사의 광인은 오늘날 무엇인가에 중독되어 있는 사람의 모습을 연상시킵니다. 그의 삶의 특징은 무엇입니까? (1-5절)

정답_거라사의 광인은 정상적인 장소에서 살지 못하고 무덤 사이에서 거하며 산을 돌아다니며 살았습니다. 그는 밤낮을 가리지 않고 소리를 지르며 사람들에게 피해를 주었습니다. 그는 남에게 피해를 줄 뿐 아니라, 자신에게도 피해를 주었습니다. 그는 돌로 자기 몸을 상하게 했습니다. 사람들은 그를 쇠사슬과 고랑으로 매어놓기도 했지만, 그는 그것들을 깨뜨려버리고 뛰쳐나갔습니다. 그 자신은 물론이고 그 누구도 그를 제어할 수 없었습니다.
무엇인가에 중독된 사람은 정상적인 생활을 하지 못하고, 자신은 물론이고 남에게 피해를 줍니다. 또한 스스로는 물론이고 누구도 그를 제어할 수 없습니다.

2. 거라사의 광인이 그와 같은 비정상적인 삶을 살았던 이유는 무엇입니까? 예
   수님은 그를 어떻게 구원해 주셨습니까? (6-13절)

정답_거라사의 광인이 그와 같은 삶을 살 수 밖에 없었던 이유는 그 사람 안에 '군
대'라는 이름을 가진 많은 귀신들이 거하고 있었기 때문입니다. 군대(레기온)라는
말은 로마 군대의 군사 용어로서, 6,000명으로 구성된 1개 군단을 가리키는 말입
니다. 이는 그 만큼 큰 능력을 가진 귀신들이 그 사람 안에 거했다는 것을 의미합
니다. 그 귀신들은 얼마나 강력한 능력을 가지고 있든지 예수께서 그들을 쫓아내
자 돼지 떼로 들어가서 2천 마리나 넘는 돼지 떼를 낭떠러지로 몰고 가 바다에 빠
져 죽게 만들었습니다.

그러나 그 귀신들보다 더 능력이 많으신 예수님께서 오셔서 그들을 쫓아내주시
고, 그 광인을 구원해 주셨습니다. 중독 상태는 자기 힘만으로는 벗어나올 수 없
습니다. 그러나 한 사람을 붙들어 매는 중독의 힘이 아무리 강하더라도 주님은
그것을 끊어주시고 우리를 능히 구원해주실 수 있습니다. 중독에서의 온전한 해
방은 단순히 의학적인 도움 뿐 아니라, 영적인 도움을 필요로 합니다.

3. 예수님에 의해 구원받은 거라사의 광인은 어떻게 변화되었습니까? (15절)

정답_사람들은 광인이 옷을 입고 정신이 온전하여 앉아 있는 모습을 보고 모두 깜짝
놀랐습니다. 그는 오랫동안 옷도 입지 않은 채(눅 8:27) 무덤과 산을 뛰어다니며 괴성을
지르고 자기 몸을 상하게 하며 살았습니다. 그러나 이제 그는 정상적인 모습을 회복하
게 된 것입니다. 온전히 회복된 그는 나중에 자신이 체험한 놀라운 일들을 온 데가볼리
(갈릴리 호수 동편과 요단강가에 인접한 10개 도시들)에 전파하여 많은 사람들이 예수님을 믿게
되었습니다.

1. 주변에서 직접 보고 들은 경우, 혹은 대중매체 등을 통해서 접해본 중독 현상들은 무엇이 있는지 서로 나누어 봅시다.

우리는 여러 가지 중독 증상들을 직접 접하거나 혹은 간접적으로라도 보고 들어 알 수 있습니다. 알콜 중독, 마약 중독, 약물 중독, 도박 중독, 성 중독, 음란물 중독, 도둑질 중독, 담배 중독, 일 중독, 쇼핑 중독, 스마트 폰이나 인터넷 중독, 게임 중독 등. 중독이 되는 사람들은 처음에는 자신이 중독되는 대상을 통제할 수 있으며, 적절한 수준에서 그것을 즐기며 행복을 느낄 수 있다고 생각합니다. 그러나 점점 거기에 깊이 빠져들기 시작하면, 나중에는 중독되는 대상이 자신을 통제하며 그의 삶을 파괴하게 됩니다.

2. 청소년들에게 있어서 특별히 스마트 폰이나 인터넷, 게임, 음란물, 담배 중독 등이 심각한 편인데, 중독된 경우에 나타나는 일반적인 증상들을 살펴보면서 혹여 자신에게 해당되는 부분은 없는지 나눠봅시다.

① 내성 : 동일한 시간이나 동일한 양으로는 만족되지 않아 계속해서 늘려간다.
② 금단 현상 : 하지 못하면 불안하고 불쾌해진다.
③ 의존 : 하지 않으려고 노력해보지만 결국은 하게 된다.
④ 사회적 문제 : 지각하거나 결석하는 등 사회생활에 문제가 생긴다.
⑤ 금전적 손실 : 감당하기 힘들 정도로 금전적인 손실을 보면서도 계속할 수밖에 없다.
⑥ 인간 관계 갈등 : 부모나 선생님께서 못하게 해서 관계가 안 좋아짐에도 계속한다.
⑦ 부정 : 자신은 중독된 상태가 아니라고 하면서 언제든 끊을 수 있다고 장담한다.
⑧ 기능의 감소 : 학업에 소홀해지는 등, 잘 해야 하는 일들을 잘 하지 못하게 된다.
⑨ 법적 문제 : 법적으로 문제가 되는 행동을 하면서까지도 계속해야 한다.
⑩ 대인관계의 파괴 : 대인관계의 갈등을 넘어 대인관계가 완전히 파괴되더라도 계속한다.

3. 자신의 삶 속에 더 깊이 빠져들기 전에 속히 벗어나야 할 문제들은 없는지 생각해 보고 결단하고 실천에 옮깁시다.

8과 주의! 신종 우상(idol) 숭배

마귀는 과거에는 하나님의 백성들로 하여금 여러 가지 헛된 신들을 섬기게 하는 전략으로 우상 숭배를 부추겼지만, 요즘에는 사람을 신격화시켜서 추종하게 함으로써 우상 숭배하게 한다. 새로운 우상 숭배 현상인 아이돌 문화에 대해 살펴보자.

마음열기

'우상(idol)'이란, 기본적인 의미로는 '신을 대표하거나 상징하는 것으로서, 예배의 대상으로 만들어지거나 사용되는 것'을 가리킵니다. 흔히 이방 종교에서 신상을 만들어 놓고 경배하며 섬기는 행위를 나타냅니다. 여기에서 더 확대하여 '지나치게 마음을 쏟는 대상이나 사람, 혹은 열정적인 헌신의 대상'을 가리키기도 합니다. 현대 사회에서는 대중문화의 스타들이 바로 새로운 우상이 되고 있습니다. 청소년기에 대중문화의 스타들을 좋아하는 것은 자연스러운 현상이겠지만, 문제는 '지나치게' 마음을 쏟을 때입니다. 아이돌 스타를 너무 좋아한 나머지 마치 중독이라도 된 것처럼, 다음과 같은 현상들이 나타나고 있다면 다시 한 번 자기 마음을 점검해보아야 합니다.

① 신앙생활에 지장을 받는 경우 ② 공부를 뒷전으로 미루는 경우 ③ 부모님이나 선생님 등과 마찰을 빚으면서까지 좋아하는 경우 ④ 자신의 용돈에 비해 과도하게 지출하는 경우 ⑤ 너무 좋아한 나머지 자신이 좋아하는 스타의 다른 팬들에 대해, 혹은 다른 스타의 팬들에 대해 적대감을 갖는 경우 ⑥ 사생팬이 되어 정상적인 생활을 포기한 채 스타만 따라다니며 스타의 숙소에 침입하거나 자신을 기억시키기 위해 혈서 등을 보내는 경우 등.

하나님과 갓톡해요!

God! 00야! 혹시 너는 '스타를 좋아하는 것까지 죄가 되나요?'라는 의문이나 반발심 같은 것은 없니?

설명 | 물론 스타를 좋아하는 것 자체는 죄라고 볼 수 없습니다. 청소년기에 여러 가지 멋진 모습으로 다가오는 스타들을 보면서 그들을 좋아하는 것은 너무나 자연스러운 일이겠지요. 그러나 아무리 좋은 것도 지나치면 자신에게 화가 됩니다. 음식을 먹는 것이 죄는 아니지만, 지나치게 많이 먹게 되면 비만에 걸리게 되고 건강을 잃게 되며 심지어는 목숨을 잃을 수도 있습니다. 아무리 좋은 것이라도 적절한 선에서 절제할 줄 알아야 복된 삶을 누릴 수 있습니다.

스타를 좋아하는 것은 죄가 아니지만, 그것은 얼마든지 죄로 이어질 수 있는 것입니다. 그로 인해서 자신의 삶을 망치거나 가족 관계에 불화가 오거나 다른 사람에게 해를 끼치거나 하나님을 잊어버리게 된다면 그것은 죄입니다. 우리는 항상 성령의 인도하심을 따라 적절한 선에서 자제할 수 있는 절제의 열매를 맺어야 합니다.

해시테그 _ 오늘 과에 대한 내 생각을 간단한 단어로 표현해봐요.

좋아요   개

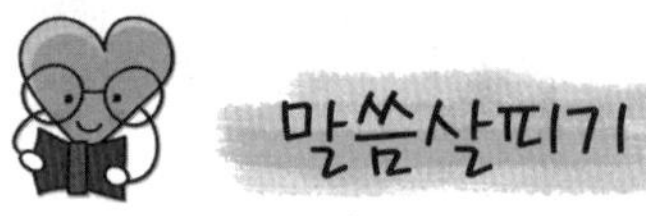

아래 말씀을 깊이 묵상하며 답을 해봅시다.

[출애굽기 20:1-6]

¹하나님이 이 모든 말씀으로 말씀하여 이르시되 ²나는 너를 애굽 땅, 종 되었던 집에서 인도하여 낸 네 하나님 여호와니라 ³너는 나 외에는 다른 신들을 네게 두지 말라 ⁴너를 위하여 새긴 우상을 만들지 말고 또 위로 하늘에 있는 것이나 아래로 땅에 있는 것이나 땅 아래 물 속에 있는 것의 어떤 형상도 만들지 말며 ⁵그것들에게 절하지 말며 그것들을 섬기지 말라 나 네 하나님 여호와는 질투하는 하나님인즉 나를 미워하는 자의 죄를 갚되 아버지로부터 아들에게로 삼사 대까지 이르게 하거니와 ⁶나를 사랑하고 내 계명을 지키는 자에게는 천 대까지 은혜를 베푸느니라

1. 하나님은 자신을 어떤 분으로 소개합니까? (1-2절)

정답_ 하나님께서는 애굽에서 400년 동안이나 노예로 살던 이스라엘 백성들을 구원해 주셨습니다. 그리고 그들과 언약을 맺으셨습니다. 그 언약은 하나님은 이스라엘의 하나님이 되어주시고, 이스라엘은 하나님의 백성이 되는 것입니다.

2. 하나님께서 이스라엘 백성들에게 요구하신 것은 무엇입니까? (3-5a)

정답_ 이스라엘과 언약관계를 맺으신 하나님은 이스라엘이 하나님의 백성으로서 지켜야할 최소한의 도리인 '십계명'(Decalogue, Ten Commandments)을 주셨습니다. 그 십계명의 첫째 계명은 하나님 외에는 다른 신을 섬기지 말라는 것입니다. 이는 하나님 외에 다른 신이 있다는 것을 인정하는 것이 아니라, 있지도 않은 헛된 신을 참 되신 하나님과 나란히 놓고 혹은 하나님보다 더 귀히 여기며 섬겨서는 안 된다는 뜻입니다.

둘째는 우상숭배를 하지 말라는 것입니다. 어떤 모양으로도 하나님의 형상이라고 만들어서 섬기면 안 됩니다. 왜냐하면 그 무엇으로도 하나님의 영광을 다 반영할 수는 없기 때문에, 아무리 잘 만든 우상도 그것을 하나님이라고 섬기는 것은 하나님에 대한 신

성 모독이 됩니다. 이 말씀은 또한 어떤 형상을 만들어 놓고 신이라고 섬기던 이방종교의 우상 숭배 행위를 본받지 말라는 뜻도 됩니다. 1, 2 계명은 한 마디로 하나님보다 더 사랑하는 것이 있으면 안 된다는 뜻입니다.

3. 하나님을 잘 섬기지 않는 사람들에게 어떤 경고가 주어졌습니까? (5b)

정답_ 하나님은 이스라엘의 독점적인 사랑을 요구할 권리가 있습니다. 왜냐하면 하나님은 그들을 구원하셨고 그들과 언약을 맺으셨기 때문입니다. 하나님께서는 이스라엘을 구원하셨습니다. 따라서 구원받은 이스라엘이 오직 하나님만 섬겨야 하는 것은 당연한 의무입니다. 또한 하나님은 이스라엘의 하나님이 되고, 이스라엘은 하나님의 백성이 되는 언약을 맺었습니다. 하나님께서 이스라엘의 하나님으로 이스라엘에게 충실하듯이, 이스라엘도 하나님의 백성으로서 하나님께 충실해야 합니다.
마치 남편과 아내가 부부의 언약을 맺었으면, 남편은 아내 외에는 다른 여자를 사랑하면 안 되고, 아내도 남편 외에는 다른 남자를 사랑하면 안 되는 것과 마찬가지입니다. 만약 아내가 언약을 어기고 다른 남자와 불륜을 저지르면 남편이 분노하듯이, 이스라엘이 다른 신을 섬기면 하나님께서 진노하십니다. 하나님의 은혜로 구원받은 하나님의 백성들이 그 은혜는 잊어버린 채 하나님보다 다른 대상을 더 사랑하면, 본인은 물론이고 3, 4대가 하나님의 진노를 받습니다. 죄는 그 부정적인 영향력이 3, 4대에까지 미치게 됩니다. 마틴 루터는 "당신의 마음이 붙들려 있는 그것이 바로 당신의 신이다."라고 지적하였습니다. 아이돌을 신이라고 생각하며 좋아하지는 않겠지만, 그들을 하나님보다 더 사랑하면 이미 신격화 된 것이고 우상숭배나 마찬가지입니다.

4. 하나님을 잘 섬기는 사람에게는 어떤 축복이 약속되고 있습니까? (6절)

정답_ 죄는 삼, 사대까지 부정적인 영향력을 끼치지만, 순종은 천대까지도 긍정적인 영향력을 끼칩니다. 하나님을 사랑하고 계명을 잘 지켜 하나님과의 언약관계에 충실한 사람은 하나님께서도 그를 사랑하시고 언약관계에 충실해주십니다. 하나님께서 친히 그들의 하나님 되어주셔서, 천대에 이르도록 영원한 복을 내려 주십니다.

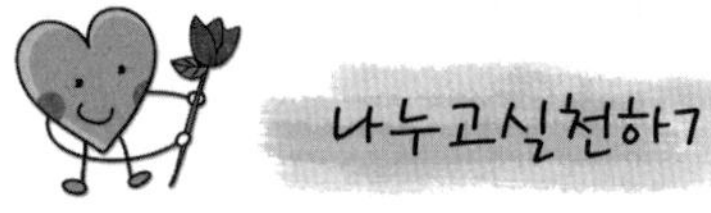

1. 요즘 자신이 가장 좋아하는 아이돌 스타는 누구인지, 그 이유는 무엇인지 나누어 봅시다.

청소년들에게 가장 인기 있는 스타들은 아무래도 대중음악 가수들일 것입니다. 청소년들이 그들을 좋아하는 이유는 여러 가지가 있겠지요. 음악적인 실력이 뛰어나서, 외모가 멋이 있어서, 춤 솜씨가 뛰어나서, 패션 감각이 뛰어나서, 성격이나 인간성이 좋아서, 말솜씨가 좋고 유머 감각이 있어서, 성실하게 노력하는 모습이 좋아서, 봉사활동 등 착한 일을 많이 하기 때문에, 다른 친구들도 다 좋아하기 때문에, 그냥 보면 무조건 기분이 좋아져서 등. 각자 좋아하는 스타들과 좋아하는 이유들을 있는 그대로 나누어 보세요.

2. 그 스타를 좋아해서 어떤 일까지 해 보았는지 다음의 사례들을 참고해서 나누어 보고, 이곳에 적히지 않은 다른 일이 있다면 함께 나누어 봅시다.

① 가수의 노래, 옷차림, 헤어스타일, 엑세서리, 말투, 행동, 제스쳐, 춤 등을 모방한다.
② 가수가 출연하는 프로는 놓치지 않고 본다.
③ 콘서트 장에 가보았다.
④ 기념품 등을 사본 적이 있다.
⑤ 자신이 그 아이돌 스타 자신이 되거나 혹은 그 스타의 연인이나 배우자가 되는 환상을 가져본 적이 있다.
⑥ 사진이나 기사 등을 스크랩해서 모은다.
⑦ 팬클럽에 가입하거나 팬레터나 선물 등을 보낸 적이 있다.
⑧ 생일이나 주소 등 개인정보를 수집해본 적이 있다.
⑨ 스타의 음악을 듣기 위해 용돈을 아낌없이 지출한다.
⑩ 소속사나 숙소를 방문한 적이 있다.

3. 적절한 선에서 절제할 수 있기 위해 해야 할 일은 무엇이 있을까요? 이를 위해 주변의 도움을 구하거나 하나님께 기도해야 할 일은 무엇일까요?

9과 성을 아름답게

[가다듬기]

성은 하나님께서 인간에게 주신 고귀한 선물이다. 그러나 마귀는 성을 추악한 죄로 타락시킨다. 성을 추악한 죄가 아닌 고귀한 선물로 지키기 위해 우리가 알아야 할 것은 무엇인지 살펴보자.

마음열기

최근 교육부와 보건복지부에서 중고등학생 65,528명을 대상으로 실시한 청소년건강행태 온라인 조사 통계에 따르면, 성관계 경험이 있는 학생은 중학생은 2.5%(남 3.3, 여 1.6), 고등학생은 6.4%(남 8.7, 여 3.8)로 나타났습니다. 성관계 경험이 있는 학생들의 성관계 시작 연령은 13.1세(남 12.9, 여 13.4세), 피임 실천율은 51.9%(남 52, 여 51.8)로 나왔습니다. 여학생의 임신 경험율은 0.3%, 임신 중절수술 경험율은 0.2%로 나타났습니다. 성교를 한 남학생들이 그 대상자에 대해 중복 응답한 결과를 보면 여자친구나 애인의 경우가 전체의 74.7%이고 약 44%가 매매춘의 성격이 있는 윤락여성, 술집여자 등의 대상자와 성관계를 하고 있었고, 3.4%는 동성애 경험이 있었습니다. 연간 성교육 경험율은 71.9%(남 69.2, 여 74.8)이었습니다. 청소년들은 대개 성과 관련된 고민은 친구와 상의하거나 어쩔 수 없이 해결하지 못하고 방치하고 있었고, 성과 관련된 지식은 주로 친구나 대중매체를 통해 얻고 있었습니다.

하나님과 갓톡해요!

God! 00야! "내 몸은 내 것인데, 내가 성관계를 하든 무엇을 하든 내가 원하는 대로 하면 되지 않나요?"라는 주장에 대해 너는 어떻게 생각하니?

설명 | 성경은 우리의 몸이 우리 것이 아니라고 말합니다. 우리 몸은 우리 몸을 창조해주신 하나님의 것입니다. 우리는 우리 몸을 하나님의 뜻대로 거룩히 사용하여 하나님께 영광을 돌려야합니다. 더구나 예수 믿는 사람은 예수님께서 자신의 생명을 대가로 치르고 우리 죄를 사해주셨기 때문에 예수님의 것이기도 합니다.

또한 성령님께서 우리를 성전 삼고 우리 안에 거하시기 때문에 성령님의 것이기도 합니다. 그래서 고전 6:18-20에 "음행을 피하라 사람이 범하는 죄마다 몸 밖에 있거니와 음행하는 자는 자기 몸에 죄를 범하느니라 너희 몸은 너희가 하나님께로부터 받은 바 너희 가운데 계신 성령의 전인 줄을 알지 못하느냐 너희는 너희 자신의 것이 아니라 값으로 산 것이 되었으니 그런즉 너희 몸으로 하나님께 영광을 돌리라"라고 했습니다.

 # 해시태그 _ 오늘 과에 대한 내 생각을 간단한 단어로 표현해봐요

좋아요 　 개

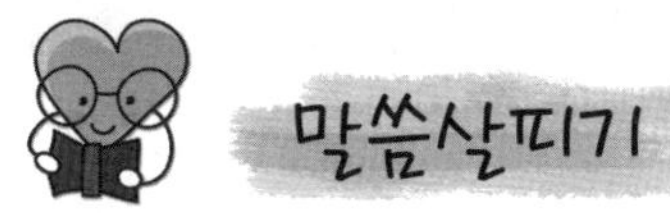

아래 말씀을 깊이 묵상하며 답을 해봅시다.

[잠 5:15-23]
15너는 네 우물에서 물을 마시며 네 샘에서 흐르는 물을 마시라 16어찌하여 네 샘물을 집 밖으로 넘치게 하며 네 도랑물을 거리로 흘러가게 하겠느냐 17그 물이 네게만 있게 하고 타인과 더불어 그것을 나누지 말라 18네 샘으로 복되게 하라 네가 젊어서 취한 아내를 즐거워하라 19그는 사랑스러운 암사슴 같고 아름다운 암노루 같으니 너는 그의 품을 항상 족하게 여기며 그의 사랑을 항상 연모하라 20내 아들아 어찌하여 음녀를 연모하겠으며 어찌하여 이방 계집의 가슴을 안겠느냐 21대저 사람의 길은 여호와의 눈 앞에 있나니 그가 그 사람의 모든 길을 평탄하게 하시느니라 22악인은 자기의 악에 걸리며 그 죄의 줄에 매이나니 23그는 훈계를 받지 아니함으로 말미암아 죽겠고 심히 미련함으로 말미암아 혼미하게 되느니라

1. 하나님께서 합법적으로 허락하신 성관계는 무엇입니까? (15-17절)

정답_고대 중동에서 지역에서 우물과 샘은 생존에 직결되는 가장 소중한 자산이었습니다. 물이 없으면 사람이 목이 말라 죽고 맙니다. 본문에서 아내를 우물과 샘에 비유한 것은 그만큼 아내의 소중함을 강조한 것입니다. 또한 목이 마른 사람이 우물과 샘에 와서 시원한 물을 마시면 그 목마름이 해결되듯이, 사람은 그 아내를 통하여 성적인 욕구를 충족할 수 있습니다. 이는 아내의 경우도 마찬가지일 것입니다.

하나님께서는 한 남자와 한 여자가 일부일처제의 정상적인 혼인관계 안에서 남편과 아내로서 서로 성적인 관계를 갖도록 하셨습니다. 그러한 성관계는 마치 맑고 깨끗한 우물물과 샘물을 마시는 것처럼, 서로에게 참된 만족과 행복을 가져다 줍니다. 혼전 성관계나 혼외 성관계에는 그런 축복이 허락되어 있지 않습니다.

우물과 샘물이 집 밖의 거리로 흘러나가면 금방 오염되고 맙니다. 남편이 아내 아닌 다른 여자에게, 아내가 남편 아닌 다른 남자에게서 성적인 만족을 구하게 될 때, 그것은 맑고 깨끗한 물을 버리고 탁하고 더러운 하수도 물을 마시려고 하는 것과 같습니다. 이

처럼 순결하고 아름다운 성은 오직 혼인관계 안에 있는 부부 사이에서만 가능합니다. 그 기쁨은 부부가 서로에게 배타적으로 독점될 때에만 지켜질 수 있습니다. 그 기쁨은 부부 아닌 그 누구와도 공유될 수 없습니다.

2. 하나님께서 정해주신 테두리 안에서 누리는 성의 즐거움은 어떻게 설명되고 있습니까? (18-19절)

정답_성경은 성을 죄악시하거나 금기시 하지 않습니다. 다만, 하나님께서 정해주신 선을 넘지 말라는 것입니다. 하나님께서 정해주신 테두리 안에서는 오히려 적극적으로 마음껏 누리라고 하셨습니다. 부부간의 성은 단순히 종족 번식을 위한 수단이나 육체적 성욕을 해소하는 차원을 뛰어 넘습니다. 서로가 서로를 온전히 기쁘게 하는 가장 깊은 교제이며, 서로를 정서적으로 가장 만족시키고 행복하게 해주는 사랑의 완성입니다.

3. 하나님께서 정해주신 테두리를 벗어날 때 겪게 될 위험은 무엇입니까? (20-23절)

정답_성은 하나님께서 정해주신 테두리 안에서는 한 없이 복되고 아름다운 것이지만, 그 선을 넘어서게 될 때 한 없이 악하고 추한 것이 되고 맙니다. 마치 음식이 그릇에 담겨 있을 때는 참 귀한 요리이지만, 바닥에 쏟아지면 오물이 되고 마는 것과 마찬가지입니다. 혼인관계는 성을 복되고 아름답게 담아 놓을 수 있는 유일한 그릇입니다. 그곳에서 벗어날 때 하나님의 진노와 심판을 부르고, 삶을 불행으로 끌고 가는 올가미 줄에 걸리게 되고 맙니다. 우리는 모두 '여호와의 눈 앞'에서 살아갑니다. 아무리 남모르게 은밀한 곳에서 성적인 죄를 짓는다고 하더라도, 하나님께서 불꽃같은 눈으로 다 지켜보고 계십니다. 그러한 사람들은 마치 술 취한 사람처럼 혼미하게 되어 정신 차리지 못하고 비틀거리며 사망의 길로 가게 됩니다.

1. 성경이 말하는 거룩한 성의 조건은 '부부 관계에 있는 한 남자와 한 여자 사이에서의 인격적인 깊은 사랑과 교제의 완성으로서의 성'을 말합니다. 이러한 기준에서볼 때, 다음의 성적 행위들은 주로 어떤 문제가 있는지 나누어 봅시다.

혼전 성관계	부부 사이의 관계가 아님
혼외 성관계	부부 사이의 관계가 아님
성폭행, 성추행	인격적인 사랑과 교제의 행위가 아니라 일방적인 관계임
포르노	인격적인 사랑과 교제의 행위가 아니라 연출된 관계임
매매춘	인격적인 사랑과 교제의 행위가 아니라 상업적인 관계임
동성애	한 남자와 한 여자 사이의 관계가 아님
수간(동물과의 관계)	한 남자와 한 여자 사이의 관계가 아님
집단 성관계	한 남자와 한 여자 사이의 관계가 아님
자위	한 남자와 한 여자 사이의 관계가 아님
기타	

2. 자신의 미래의 배우자감이 어떠한 사람이었으면 좋겠는지 나누어 봅시다. 그리고 그런 사람의 배우자가 되기 위해, 나는 자신을 어떻게 지키며 가꾸어 가야 하겠는지 나누어 봅시다.

부부간의 성을 통해 한 남자와 한 여자는 가장 깊고 깊은 사랑과 교제의 기쁨을 나누게 되고, 행복한 가정을 이루게 됩니다. 또한 그 아름다운 열매로 사랑스러운 자녀들을 낳아 복된 가정을 이루게 됩니다. 부모의 축복된 관계 속에 잘 자라난 자녀들 또한 그 부모들처럼 복된 가정들을 이루어 복된 가문들이 형성되고 이 모든 것이 합하여 복된 세상을 만들어갑니다. 성을 허락하신 하나님의 이러한 뜻에 잘 순종해야겠습니다.

3. 우리가 먹는 음식을 금식하며 기도하기도 하지만, 때로는 미디어를 금식할 필요도 있습니다. 한 주간 동안 거룩하지 못한 성적인 내용을 담은 미디어들을 온전히 차단하며 지내보는 것은 어떨까요?

10과 불같은 시험 많으나

삶 속에 여러 가지 불행을 만나게 될 때, 마귀는 찾아와서 우리를 시험하며 우리의 믿음을 흔들어 놓는다. 마귀의 시험에 넘어가지 않기 위해 우리는 어떤 무장을 하고 있어야 하는지 살펴보자.

마음열기

살아가면서 너무나 힘들고 어려운 불행한 일들을 겪었지만, 그 가운데서도 하나님을 원망하지 않고 오히려 찬양으로 영광을 돌린 믿음의 사람들이 많이 있습니다.

스펫포드(H. G. Spafford) 집사님은 변호사이자 사업가였는데, 시카고 화재로 전재산을 잃었고, 질병으로 외아들을 잃었으며, 파선사고로 네 딸들을 모두 잃는 비극을 겪었습니다. 그러나 그는 그 외중에도 "내 평생에 가는 길 순탄하여 늘 잔잔한 강 같든지 큰 풍파로 무섭고 어렵든지 나의 영혼은 늘 편하다. 저 마귀는 우리를 삼키려고 입 벌리고 달려와도 주 예수는 우리의 대장 되니 끝내 싸워서 이기겠네!"라고 찬양했습니다(찬송가 470장). 슈몰크 목사님은 화재로 두 아들을 잃고도 "내 주여 뜻대로 행하시옵소서. 큰 근심 중에도 낙심케 마소서. 주님도 때로는 울기도 하셨네. 날 주관하셔서 뜻대로 하소서."라고 찬양했습니다(찬송가 431장). 가장 힘들고 어려울 때, 우리의 참 믿음은 빛을 발합니다.

하나님과 갓톡해요!

God! 00야! 너는 어떻게 해서 믿음을 갖게 되었니? 네가 믿음을 갖게 된 통로는 무엇이니? 네 믿음이 견고하게 서게 하는 기초는 무엇이라고 생각하니?

설명 | 믿음은 들음에서 나고 들음은 말씀에서 난다고 했습니다(롬 10:17). 우리의 믿음은 어느 날 하늘에서 뚝 떨어지는 것이 아닙니다. 우리의 믿음은 하나님의 말씀을 들을 때에 생겨납니다. 하나님의 말씀을 듣다 보니 하나님이 살아계신 것을 알게 되었고, 그분이 전지전능하시며 사랑이 많으심을 깨닫게 된 것입니다. 우리의 믿음을 유지시켜 주는 것도 어떤 기적이나 환상을 통해서 주어지는 것이 아닙니다.
하나님의 약속의 말씀을 듣고 그 약속을 믿을 때 우리의 믿음은 견고해지는 것입니다. 하나님께서 우리를 도와주시고 모든 것이 합력하여 선이 되도록 섭리해주시며, 마침내는 영원한 천국까지 인도해 주시리라는 약속의 말씀을 붙잡을 때, 우리의 믿음은 어떤 어려움에도 흔들림이 없습니다. 믿음은 말씀을 떠나서는 생각할 수 없음을 늘 기억해야 합니다.

 # 해시태그 _ 오늘 과에 대한 내 생각을 간단한 단어로 표현해봐요.

좋아요 　 개

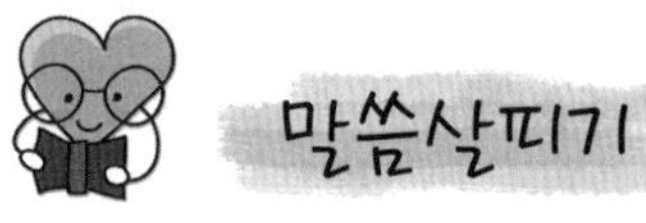

아래 말씀을 깊이 묵상하며 답을 해봅시다.

[욥 23:10-12]
10 그러나 내가 가는 길을 그가 아시나니 그가 나를 단련하신 후에는 내가 순금 같이 되어 나오리라 11 내 발이 그의 걸음을 바로 따랐으며 내가 그의 길을 지켜 치우치지 아니하였고 12 내가 그의 입술의 명령을 어기지 아니하고 정한 음식보다 그의 입의 말씀을 귀히 여겼도다

1. 욥의 평소의 신앙생활은 어떠했습니까? (11절)

정답_ 욥은 "온전하고 정직하여 하나님을 경외하며 악에서 떠난 자더라."고 했습니다 (욥 1:1). 욥은 자신의 삶을 "내 발이 그의 걸음을 바로 따랐으며 내가 그의 길을 지켜 치우치지 아니하였고"라고 요약하고 있습니다. 그의 삶은 한 마디로 좌로나 우로나 치우치지 않고 하나님의 말씀대로 바르게 살아간 삶이었습니다.

2. 거듭되는 불행 속에서도 욥은 어떤 고백을 하였습니까? (10절)

정답_ 욥은 전재산과 열 자녀와 건강까지 모두 잃었지만, 하나님을 원망하지 않고 믿음의 순전함을 지켰습니다. 마귀는 그가 그런 어려움을 당하면 하나님을 향하여 대놓고 욕할 것이라고 했지만, 오히려 욥은 하나님을 향해 다음과 같이 찬양했습니다. "내가 모태에서 알몸으로 나왔사온즉 또한 알몸이 그리로 돌아가올지라 주신 이도 여호와시요 거두신 이도 여호와시오니 여호와의 이름이 찬송을 받으실지니이다"(욥 1:21 참조) 욥이 죄나 짓고 살다가 그런 어려움이 왔으면, 하나님의 징계로 그렇게 되었다라고

이해하기 쉬울 것입니다. 그런데 욥은 누구보다도 바르게 살았는데 그런 어려움이 왔기 때문에 더 고통스러웠던 것입니다. 그러나 욥은 이유를 모르는 고난의 길을 걸어야 할 때, 왜 그 길을 가야하는지 우리는 몰라도 하나님은 아신다고 선포합니다. 욥은 "내가 가는 길을 그가 아시나니"라고 고백하고 있습니다.

삶 속에 왜 그런 어려움들이 오는지 알 수 없지만, 우리가 한 가지 확실히 아는 것은 견디기 힘든 그 길에도, 지금은 알 수 없는 하나님의 선한 뜻이 발 딛는 곳마다 펼쳐져 있다는 것입니다. 그 시련의 길을 믿음으로 잘 걸어간 후에는, 지금보다 훨씬 빛나는 내가 되어 그분 앞에 서리라는 것입니다. 욥은 "그가 나를 단련하신 후에는 내가 순금 같이 되어 나오리라"라고 했습니다. 단련은 금광석을 용광로에 녹여 모든 불순물을 제거하고, 순금만 추출해 내는 과정을 말합니다. 믿음으로 사는 의인은 이유 없는 고난의 이유는 잘 몰라도, 그 고난의 복된 결과만은 분명히 압니다.

3. 욥의 초인적인 신앙의 저력은 어디에서 비롯되었습니까? (12절)

정답_ 욥은 "정한 음식보다 그의 입의 말씀을 귀히 여겼도다"라고 이야기합니다. 매일 매일 시간을 정해놓고 매 끼니를 먹는 것보다, 하나님의 말씀을 더 귀히 여겼다는 것입니다. 쉽게 말하면 끼니를 거르는 일은 있어도, 하나님의 말씀을 거르지는 않았다는 것입니다. 큐티를 열심히 하는 분들은 "노 큐티, 노 브랙패스트(No QT, No breakfast)."라는 말을 많이 합니다. 즉, 큐티하지 않으면 아침을 먹지 않겠다는 것입니다. 아침을 못 먹는 수는 있어도, 말씀 묵상은 거르지 않겠다는 것입니다. 하나님의 말씀은 우리 삶의 1순위도 아니고 2순위도 아니고 '0순위'가 되어야 합니다. 이처럼 매일의 경건 생활을 통해 우리의 영적 근육이 단련되게 되고, 그렇게 길러진 영력은 삶 속에 큰 위기를 만났을 때 저력을 발휘하게 될 것입니다. 교회를 오래 다닌 것 같아도 이처럼 말씀으로 잘 무장되어 있지 못한 사람은 뿌리가 없는 나무와 같아서 조금만 센 바람이 불어와도 뿌리째 넘어져 버리고 맙니다. 우리는 하나님의 말씀에 깊이 뿌리 내린 나무가 되어서, 어떤 태풍 같은 시험이 찾아와도 흔들리지 않는 견고한 믿음이 되어야겠습니다.

1. 주로 언제 성경을 읽는지 서로 나누어 봅시다. 66권의 성경 중에 최근에 읽었던 성경은 무엇인지요? 66권의 성경 중에 가장 은혜가 되었던 것은 무엇이었습니까?

바쁜 중에도 우리가 반드시 시간을 내어 끼니를 챙겨 먹듯이 영의 양식인 말씀도 그렇게 챙겨서 읽어야 합니다. 정 시간 내기 어려우면 포켓용 성경책이나 스마트폰의 어플을 이용하여 식사시간 전후로 잠깐 씩이라도 짬을 내어 말씀을 읽은 방법도 좋습니다. 또는 아침에 일어나자마자, 혹은 잠자리에 들기 전에 말씀을 읽는 것도 좋지요. 물론 하루 일과 시간 중에 가장 좋은 시간과 가장 좋은 장소를 구별하여 정해 놓고 말씀을 읽은 것이 가장 좋겠지요. 또한 혼자하면 금방 지칠 수도 있으니 몇 명씩 팀을 정해 읽고 은혜 받은 말씀을 서로 나누며, 서로 체크해주고 격려해주면 더욱 좋겠지요

2. 말씀을 읽는 것도 좋지만, 말씀을 암송하는 것은 더욱 좋습니다. 내가 암송하고 있는 말씀은 마귀로부터 공격을 받는 영적으로 위급한 순간에 즉시 꺼내서 쓸 수 있는 비장의 무기와도 같습니다. 어려울 때 힘이 될 만한 말씀들을 찾아서 친구들에게 서로 메모지에 적어주고 한 주간 동안 함께 외워보는 것은 어떨까요?

[이사야 41:10]
10 두려워하지 말라 내가 너와 함께 함이라 놀라지 말라 나는 네 하나님이 됨이라 내가 너를 굳세게 하리라 참으로 너를 도와 주리라 참으로 나의 의로운 오른손으로 너를 붙들리라

[고후 4:6-7]
6 아무 것도 염려하지 말고 다만 모든 일에 기도와 간구로, 너희 구할 것을 감사함으로 하나님께 아뢰라 7 그리하면 모든 지각에 뛰어난 하나님의 평강이 그리스도 예수 안에서 너희 마음과 생각을 지키시리라

11과 이단은 이단 옆차기로

마귀는 마지막 때가 될수록 온갖 이단, 사이비 종교들을 통해, 사람들의 영혼을 미혹한다. 이단들은 정통 교리에 어긋나는 것을 가르치고 믿는 사람들을, 사이비는 겉은 비슷하지만 본질은 다른 가짜들을 가리킨다. 그들에게 당하지 않도록 우리는 더욱 영적인 경각심을 가져야 할 것이다.

마음열기

대한예수교장로회 이단사이비 대책위원회는 최근 '교회를 위협하는 세력들에 대한 대처방안'이라는 주제로 세미나를 열었습니다. 그곳에서 발제된 내용들은 이단들의 심각성에 대해 다음과 같이 경고하고 있습니다.

"한국교회 성도 860만 명 가운데 이단의 숫자가 최소한 100만 명이 된다. 이단에 빠진 교인들은 일반교인들에 비해 헌금, 출석, 전도 등의 열심 면에서 약 4배의 힘을 보이고 있기 때문에 이 100만 명의 교인은 일반교인 400만 명의 힘을 과시하고 있다. 그래서 앞으로 약 50만 정도만 더 이단에 빠져들게 된다면 한국교회는 돌이킬 수 없을 정도의 커다란 위기를 맞게 될 것이다. 지금 한국에는 2천년 기독교 역사상 가장 많은 이단들이 성행하고 있다. 현재 밝혀진 이단만 100여종이고, 공개적으로 밝혀지지 않은 이단까지 더하면 약 150여종이나 된다."

하나님과 갓톡해요!

God! 00야! 너는 우리나라에 유독 이단, 사이비가 많은 이유는 무엇이라고 생각하니?

설명 | 우리나라에 유독 이단, 사이비가 많은 이유는 여러 가지가 있겠지만, 가장 큰 이유는 우리나라 사람들이 다른 어느 나라보다도 종교성이 강하기 때문입니다. 강한 종교성은 정통교회가 급속히 성장할 수 있는 긍정적인 요인도 되었지만, 독버섯 같은 이단, 사이비들이 많이 자라날 수 있는 부정적인 요인도 되었습니다. 또한 정통 교회의 책임도 일부분 있다고 볼 수 있습니다.

그러한 책임에서 가장 큰 요소는 정통교회에서 정통 교리를 제대로 잘 가르치지 못한 데 있습니다. 또한 정통신앙에 걸 맞는 빛과 소금의 모범적인 삶을 잘 보여주지 못했기 때문에, 거기에 실망한 많은 사람들이 이단, 사이비에 빠지게 된 측면도 있습니다. 이단, 사이비로부터 영혼들을 지켜내기 위해 정통교회는 더욱 깨어서 진리의 말씀을 가르치고 그 말씀대로 사는 모습을 갖추어가야 할 것입니다.

 # 해시태그 _ 오늘 과에 대한 내 생각을 간단한 단어로 표현해봐요.

좋아요　　개

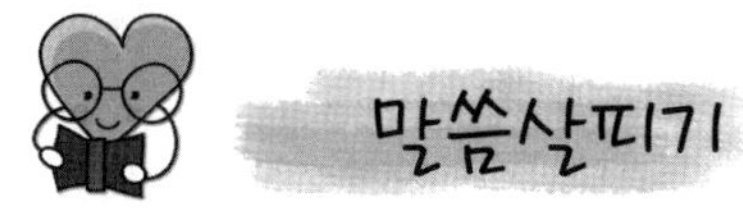

아래 말씀을 깊이 묵상하며 답을 해봅시다.

[마 7:15-23]

¹⁵거짓 선지자들을 삼가라 양의 옷을 입고 너희에게 나아오나 속에는 노략질하는 이리라 ¹⁶그들의 열매로 그들을 알지니 가시나무에서 포도를, 또는 엉겅퀴에서 무화과를 따겠느냐 ¹⁷이와 같이 좋은 나무마다 아름다운 열매를 맺고 못된 나무가 나쁜 열매를 맺나니 ¹⁸좋은 나무가 나쁜 열매를 맺을 수 없고 못된 나무가 아름다운 열매를 맺을 수 없느니라 ¹⁹아름다운 열매를 맺지 아니하는 나무마다 찍혀 불에 던져지느니라 ²⁰이러므로 그들의 열매로 그들을 알리라 ²¹나더러 주여 주여 하는 자마다 다 천국에 들어갈 것이 아니요 다만 하늘에 계신 내 아버지의 뜻대로 행하는 자라야 들어가리라 ²²그 날에 많은 사람이 나더러 이르되 주여 주여 우리가 주의 이름으로 선지자 노릇 하며 주의 이름으로 귀신을 쫓아 내며 주의 이름으로 많은 권능을 행하지 아니하였나이까 하리니 ²³그 때에 내가 그들에게 밝히 말하되 내가 너희를 도무지 알지 못하니 불법을 행하는 자들아 내게서 떠나가라 하리라

1. 이단들은 본질적으로 어떤 존재들입니까? (15절)

정답_ 이단들(거짓 선지자들)은 양의 옷을 입고 있습니다. 양의 옷은 양의 가죽으로 만든 옷입니다. 이 옷은 목자들이 입는 옷입니다. 이단들은 자신들이 양을 사랑하고 돌보는 목자처럼 꾸미고 양들에게 다가옵니다. 그들도 겉으로는 정통교회와 비슷한 모습을 취하고 있습니다. 그들도 자신들을 '교회'라고 주장하고, 스스로를 '목사'라고 부르기도 합니다. 그들은 겉으로는 착하고 의롭고 선한 척 행동합니다.

그러나 그들은 실제로는 노략질하는 이리입니다. 이리들은 떼를 지어 다니며 양들을 잡아 먹던 사나운 짐승입니다. 이단들은 이리떼처럼 달려들어 성도들의 신앙과 물질과 가정과 행복을 약탈해버립니다. 따라서 성도들은 그들을 조심해야 합니다. 영적으로 정신을 바짝 차리고, 그들에게 속아 넘어가지 않도록 주의해야 합니다.

2. 이단은 어떻게 구별할 수 있습니까? (16-20절)

정답_ 이단들은 그 열매로 알 수 있습니다. 그들은 근본적으로 가시나무와 엉겅퀴 같은 존재입니다. 그들로부터 포도와 무화과 열매를 거둘 수 없습니다. 좋은 나무는 좋은 열매를 맺지만, 못된 나무는 결국은 나쁜 열매를 맺습니다. 이단들이 일시적으로 좋은 교훈을 이야기하고, 인간적인 관점에서 볼 때 인격적인 모습도 보이며, 사회적으로 봉사활동도 많이 하기도 합니다. 그러나 시간이 지나고 나면 결국은 탐욕과 음욕과 부정과 불의의 나쁜 열매를 맺습니다. 가장 근본적으로는 그들은 결코 '하나님의 영광'이라는 가장 본질적인 열매를 맺을 수는 없습니다.

초대교회 교부들의 교훈집인 디다케의 "순회전도자들과 예언자들 접대"라는 항목에 보면 이런 말씀이 있습니다. "영으로 말한다고 해서 다 예언자가 아니고 오직 주님의 생활 태도를 지녀야만 예언자입니다. 거짓 예언자와 참 예언자는 그 생활 태도로써 밝혀질 것입니다."

3. 이단들은 마지막에 어떤 심판을 받습니까? (19, 21-23절)

정답_ 이단들도 예수님의 이름을 부르기도 하고 예수님의 이름을 팔기도 합니다. 그들도 말씀을 전하며 선지자 노릇도 하고, 귀신도 쫓아내고, 병든 자도 고치는 등 많은 권능을 행하기도 합니다. 그러나 그들은 하나님의 영광을 자신들이 가로채고, 성도들에게 악영향을 끼치는 '불법을 행하는 자들'입니다.

결국 주님은 그들을 모른다 하실 것이며, 그들은 가시나무와 엉겅퀴가 불로 태워지듯이 영원한 심판을 받게 될 것입니다.

존 번연은 천로역정에서 다음과 같이 말했습니다. "마지막 날에 사람들은 자기들의 열매에 따라 심판을 받게 될 것이다. '너는 무엇을 믿었느냐?'라는 질문이 아니라, '너는 그 믿음으로 어떤 열매를 맺었느냐? 그 믿음을 어떻게 실천하였느냐?'라는 질문을 받게 될 것이다. 행함이 없는 믿음은 죽은 믿음이다."

1. 혹시 주변에 이단에 빠진 사람들이 있었다면, 그들이 이단에 빠진 이유는 무엇인지, 그들의 신앙생활의 특징은 무엇인지, 이단에 빠진 결과는 어떻게 되었는지 등에 관해 함께 나누어 봅시다.

2. 이단들은 주로 다음과 같은 특징을 갖고 있습니다. 잘 분별하여 속지 않도록 주의해야겠습니다.

① 삼위일체 하나님에 관한 정통 교리를 부분적으로, 혹은 전체적으로 부정하거나 왜곡한다.

② 특정 교주를 신격화 한다.

③ 성경 외에 자신들만의 경전을 내세우거나, 직통 계시 등을 주장한다.

④ 정통교회에는 구원이 없고 자신들에게 들어와야만 구원을 받는다고 주장한다.

⑤ 기적, 환상, 치유 등을 지나치게 강조하여 신비주의로 이끈다.

⑥ 시한부 종말론을 주장한다.

⑦ 건전한 가정생활, 직장생활, 학교생활에 지장을 준다.

⑧ 물질적으로나, 성적으로 타락한 모습을 보인다.

⑨ 성도들을 교회 밖의 비밀스러운 모임이나 성경 공부 등으로 유도한다.

⑩ 축복이나 저주 등을 내세워 신자들을 헌신하도록 협박하거나 강요한다.

3. 한 주간 동안 주요 정통교단들에서 이단, 사이비로 정죄한 집단들은 무엇이 있는지 각자 한 가지씩 찾아보고, 그들이 이단으로 정죄 받는 주요 이유들은 무엇인지 알아보도록 합시다.

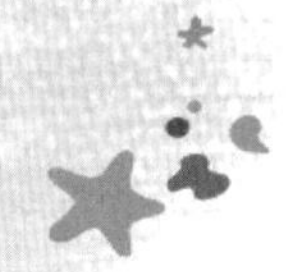

12과 자살? 살자!

마귀는 여러 가지로 역사하지만 가장 크고 무서운 역사는 사람으로 하여금 자살하게 만드는 것이다. 자살은 사람이 지을 수 있는 죄 중에 가장 심각한 죄다. 자살을 부추기는 마귀의 역사가 갈수록 강해져가는 요즘 우리는 깨어서 마귀의 역사에 대적해야 한다.

마음열기

중앙자살예방센터에서 발간한 자살예방백서에 따르면, 우리나라는 매년 1만 3천명이 넘는 사람들이 자살로 생을 마감한다고 합니다. 이는 하루에 35명 이상이 자살로 목숨을 끊는다는 것입니다. 만일 사람 35명을 태운 버스가 절벽에서 떨어져 타고 있던 사람이 모두 죽는 사고가 매일 반복된다면 아마 온 나라가 난리가 날 것입니다.

그러나 자살로 인해서 하루에 35명씩 죽어가고 있는 것은 사람들이 별 관심을 갖지 않습니다. 어떤 유명한 사람이나 자살하면 잠깐 관심을 가질 뿐, 얼마 지나지 않아 곧 잊어버리고 맙니다. 지금 이 시간에도 어느 곳에선가는 매일 매일 수십명의 사람들이 극단적인 선택을 하고 있습니다.

우리나라의 인구 10만 명당 자살률은 26.5명으로 OECD 가입국 중에서 1위의 불명예를 안고 있습니다. 특별히 10대 이하 자살자는 245명으로 10만 명당 자살률은 2.3명, 20대는 1,087명으로 10만 명당 자살률은 16.4명입니다. 자살은 청소년 사망원인 1위를 차지하고 있습니다.

하나님과 갓톡해요!

God! 00야! 많은 청소년들이 자살충동을 느낀 적이 있다고 하는데, 혹시 너는 죽고 싶다는 생각을 해본 적은 없니?

설명 | 사람은 누구나 약한 존재입니다. 위대한 신앙의 사람들도 때로는 더 이상의 삶의 의욕을 잃어버린 채 무너져 내린 순간들이 있었습니다. 우상 숭배자들과 850:1의 영적 전투를 벌여 승리한 가장 위대한 선지자 엘리야도 탈진하여 로뎀 나무 그늘 아래 지쳐 쓰러져 그만 생명을 거두어가 주시기를 구했습니다(왕상 19:4).

사도 중의 사도인 바울 같은 분도 힘에 지나도록 심한 고난을 당하자, 마음에 살 소망이 다 끊어지고 마음에 사형선고를 받았었다고 했습니다(고후 1:8-9).

그러나 믿음의 사람들은 그러한 절망의 자리에 그냥 쓰러져 있지 않고 하나님의 위로를 힘입어 다시 일어나, 이전보다 더 큰 일들을 감당해 냈습니다. 누구나 힘들고 어려운 순간들이 있고 마음이 약해지는 때도 있지만, 하나님을 의지하여 다시 일어설 수 있어야겠습니다.

 # 해시태그 _ 오늘 과에 대한 내 생각을 간단한 단어로 표현해봐요

좋아요   개

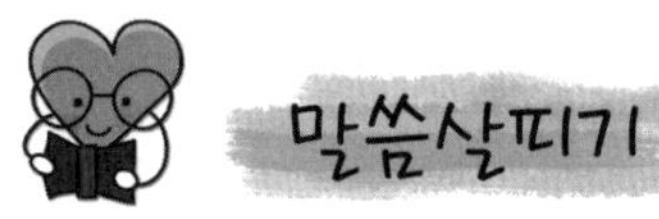

아래 말씀을 깊이 묵상하며 답을 해봅시다.

[마 27:1-5]
¹ 새벽에 모든 대제사장과 백성의 장로들이 예수를 죽이려고 함께 의논하고 ² 결박하여 끌고 가서 총독 빌라도에게 넘겨 주니라 ³ 그 때에 예수를 판 유다가 그의 정죄됨을 보고 스스로 뉘우쳐 그 은 삼십을 대제사장들과 장로들에게 도로 갖다 주며 ⁴ 이르되 내가 무죄한 피를 팔고 죄를 범하였도다 하니 그들이 이르되 그것이 우리에게 무슨 상관이냐 네가 당하라 하거늘 ⁵ 유다가 은을 성소에 던져 넣고 물러가서 스스로 목매어 죽은지라

1. 예수님을 배반하여 은 30냥에 팔아버린 가룟 유다는 나름대로 양심의 가책을 느껴 어떤 일을 했습니까? (3절)

정답_ 자신이 배반하여 대제사장들과 장로들에게 넘겨준 예수님께서 결박당하여 총독 빌라도에게 넘겨지는 모습을 지켜본 유다는 그래도 일말의 양심은 남아 있어서 죄책감을 느꼈습니다. 그는 예수님을 배반한 것을 후회하며, 그 대가로 받은 은 30냥을 대제사장들과 장로들에게 도로 갖다 주어 죄책감을 덜어내고자 했습니다.

2. 잠깐 후회는 했지만, 가룟 유다는 결국 어떤 선택을 하고 말았습니까? (4-5절)

정답_ 가룟 유다는 은 30냥을 돌려주고자 했지만, 대제사장들과 장로들은 받지 않았습니다. 후회와 양심의 가책을 견디지 못한 가룟 유다는 은을 성소에 던져 넣고 곧장 힌놈 골짜기의 으슥한 곳으로 달려가 목 매어 죽고 말았습니다.

3. 그는 어떤 비참한 결과를 맞이하게 되었습니까? (행 1:18 ; 막 14:21 참조)

[행 1:18]
¹⁸이 사람이 불의의 삯으로 밭을 사고 후에 몸이 곤두박질하여 배가 터져 창자가 다 흘러나온지라

[막 14:21]
²¹인자는 자기에 대하여 기록된 대로 가거니와 인자를 파는 그 사람에게는 화가 있으리로다 그 사람은 차라리 나지 아니하였더라면 자기에게 좋을 뻔하였느니라 하시니라

정답_가룟 유다의 시체는 목매었던 줄이 끊어져 날카로운 바위 투성이의 바닥에 떨어졌고 배가 터져 창자가 다 흘러나오는 비참한 최후를 맞이하게 되었습니다. 그는 예수님께서 경고하신 대로 그렇게 죽을 바엔 차라리 태어나지 않았으면 좋을 뻔한 사람이 되고 말았습니다.

4. 예수님을 세 번이나 부인했던 베드로와 주님을 버리고 다 도망가 버렸던 제자들은 가룟 유다와 달리 어떤 선택을 했습니까? (행 1:13-14 참조)

[행 1:13-14]
¹³들어가 그들이 유하는 다락방으로 올라가니 베드로, 요한, 야고보, 안드레와 빌립, 도마와 바돌로매, 마태와 및 알패오의 아들 야고보, 셀롯인 시몬, 야고보의 아들 유다가 다 거기 있어 ¹⁴여자들과 예수의 어머니 마리아와 예수의 아우들과 더불어 마음을 같이하여 오로지 기도에 힘쓰더라

정답_예수님을 세 번이나 부인했던 베드로와 주님을 버리고 다 도망가 버렸던 제자들도 가룟 유다와 마찬가지로 견디기 힘든 후회와 죄책감에 시달렸을 것입니다. 그러나 그들은 목메러 가는 것이 아니라, 기도하는 자리로 갔습니다. 마가의 다락방에 모여서 간절히 기도할 때 성령의 충만함을 받았습니다. 그들은 자신들의 부끄러운 실패를 딛고 일어나 오순절 초대교회 대부흥의 위대한 주인공들이 되었습니다.

우리는 단순히 후회만 해서는 안 되고 회개해야 합니다. 후회는 자신의 잘못을 깨닫고 괴로워하는 것으로 끝납니다. 그 괴로움을 견디지 못해 극단적인 선택을 하기도 합니다. 그러나 회개는 자신의 잘못을 인해 괴로워하는 것으로 끝나는 것이 아니라, 그 잘못을 고치는 자리까지 나아갑니다. 회개(悔改)는 후회(後悔)로만 끝나는 것이 아니라, 마음을 고쳐 먹는 개심(改心)의 자리까지 나아가는 것입니다. 마음을 고쳐먹음으로 그 삶까지 완전히 새로워지고 변화되는 것입니다. 누구나 다 잘못을 저지를 수 있습니다. 그때마다 후회만 하지 말고 회개해야 합니다.

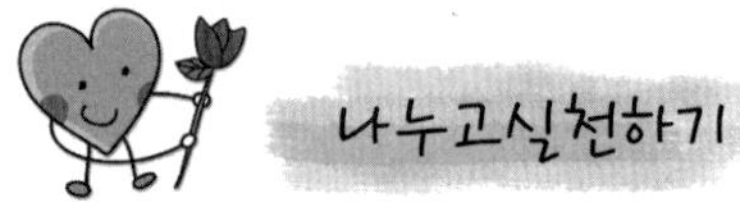

1. 사람들은 왜 자살을 선택하게 될까요? 자살은 왜 큰 죄가 되는지 자기 생
   각을 나누어봅시다.

자살의 이유는 여러 가지가 있습니다. 견디기 힘든 좌절이나 충격, 실연, 경제적 어려움,
외로움, 수치심, 죄책감, 억울함, 현실도피, 사회적인 부적응, 우울증, 정신질환, 유전적인
요소 등. 많은 이유가 있지만 공통점은 주변에 아무도 그를 위로해주고 격려해 주는 사람
이 없었다는 것입니다.
생명은 하나님께서 주신 것입니다. 그것을 우리 마음대로 끊을 수 없습니다. 자살은 자신
에게 저지르는 살인 행위입니다. 다른 살인 행위는 회개하고 죄 사함을 받을 기회라도 있
지만, 자살은 그런 기회마저 없습니다. 더구나 믿는 사람들의 자살은 하나님의 도우심을
철저하게 부정해 버리는 행위입니다.

2. 최근에 유명 정치인이나 연예인들의 자살 소식들은 사회에 큰 충격을 주
   고 있습니다. 그런 소식들을 들을 때 우리는 어떤 반응을 보여야 합니까?

흔히 자살한 사람의 소식이 전해지면, 일단은 누구나 안타까운 마음을 갖게 됩니다. 그래
서 그들을 동정하는 마음에 "좋은 곳으로 가시기를 바랍니다." 혹은 "이제는 편히 쉬세
요."라는 등의 댓글을 남기기도 합니다. 물론 안타까운 마음에 그런 이야기들을 해주는
것이겠지만, 자살은 절대로 좋은 곳으로 가는 길이 아니고, 자살하면 편히 쉬게 되는 것도
아닙니다. 사회적으로 그런 온정적인 분위기가 조성되면 오히려 모방 자살이 늘어나게
됩니다. 안타까운 마음은 가져야겠지만 자살은 결코 올바른 선택이 아니라는 점은 분명
히 해야 합니다.

3. 주변에 우리가 더욱 따뜻한 관심과 그리스도의 사랑을 가지고 돌아보아
   야 할 영혼들은 없는지 살펴봅시다. 혹시 여러 가지 어려운 환경 속에 소
   외된 친구가 있다면, 한 주 동안 사랑으로 섬기도록 합시다.